100 RESPUESTAS PARA INVERSORES INICIADOS.

La Idea de este libro:

Esta es una obra para responder a la curiosidad de los iniciados en temas de inversiones o finanzas en general y sobretodo para los que ya no deberían ser:

tan pero tan " iniciados".

Pretendemos llevar en forma sencilla pero con precisión, todo aquello de lo que hablan:

- Tus Jefes en la campo de Golf.
- Los Líderes en sus casas de fin de semana.
- Los Empresarios entre sus pares y solo entre ellos.
- Los Medios especializados.
- Los Economistas que deciden por tu futuro.

- Los hombres de la Bolsa que van en sus autos de lujo.
- Y todos aquellos que envidias de una "sana" manera.

Apoyamos la idea que cuanto mejor información dominas:

- Mejor calidad de empleo obtendrás ,
- Mejor remuneración percibirás ,
- Mejores negociaciones realizarás ,
- Mejores decisiones tomarás,
- y mejor reconocimiento de quienes te importan realmente ganarás.

¿Estas de acuerdo en mejorar estas áreas?
SI ES ASÍ: ESTE LIBRO SERÁ ÚTIL.

El aporte de esta obra:

Las normas básicas de las finanzas forman parte, y así debe de ser, de nuestra vida cotidiana. Entonces ¿por qué no se dedica un poco de tiempo a la enseñanza de esta materia en los colegios? Bueno... siendo directo , da la impresión que a ciertos sectores no les interesa que la sociedad tenga conocimientos, aunque mínimos, sobre finanzas. Siendo así, el terreno estará abonado para que proliferen en nuestra comunidad, ejemplos de inversiones desastrosas como hemos, estamos y seguiremos viendo, aprovechando la ignorancia financiera de los ciudadanos. El bienestar de un país tiene mucho que ver con la economía pero nos encontramos con la gran desgracia de que está regida por unos pocos, sin demasiados escrúpulos, que no les importa demasiado el que las decisiones que tomen pueden tener nefastas repercusiones entre los ciudadanos más desfavorecidos por no conocer las normas del juego de la inversión y el ahorro.

Dr Mario Daniel D'Agostino.

Temario

La Idea de este libro:	**3**
El aporte de esta obra:	**4**
Capítulo 1	14
Inversor e Inversiones	14

¿Que es un Inversor ?	14
¿Que es un especulador?	15
¿Que es invertir por Objetivos?	16
¿Que es el ciclo virtuoso?	17
¿Que es la curva diferencial de tipos?	19
¿En que se puede invertir?	21
¿Qué es un activo financiero?	22
¿Que es un trader?	24
¿Que hace un trader ?	25
¿Qué es un broker y porque lo necesito?	28
¿Que es una bolsa de valores y cómo funciona?	30
Capítulo 2	34
Invirtiendo en Activos Financieros.	34
¿Qué son las acciones ?	34
¿Qué son los dividendos?	35
¿Qué es una OPA?	37
¿Qué es una Oferta pública inicial (OPI)?	38
¿Qué es una ICO ?	40

¿Qué es el capital accionario?	42
¿Qué es un Mercado OTC (Over The Counter)?	43
¿Qué es un Bono?.	47
¿Cómo funcionan los bonos?	47
¿Qué es una Nota del Tesoro?	49
¿Qué es una Letra del Tesoro?	49
¿Qué es un ETF ?	50
¿Qué es un Contrato por Diferencia?	52
¿Qué es un Futuro?	53
¿Qué son las Opciones?	56
¿Qué son las Opciones Call y Put?	57
¿Qué es un ADR?	58
¿Qué es el Arbitraje ?	59
¿ Qué es el apalancamiento?	61
¿ Qué es la Cuenta Comitente?	62
Capítulo 3	63
Valoración de una Empresa .	63
¿Cómo se elige una empresa para invertir?.	73

¿Qué diferencia hay entre el ROE y el ROCE? 80

¿Qué es 'Book Value'? 80

¿Qué es Costo Histórico? 84

¿Qué es Valoración Mark-to-Market ? 85

¿Qué es Relación Precio-Precio ? 86

¿Qué y cómo leer una tabla de cotización en la bolsa ? 87

   Capítulo 4 93

   Conjuntos Bursátiles. 93

¿Qué es un índice Bursátil.? 93

¿Que índices debo conocer? 94

¿ Qué tipos de Índices hay? 95

¿ Qué es el dólar Index? 98

¿Porque aumenta el Dólar? Índice de desconfianza. 98

¿Que es un Índice Ponderado y por Capitalización? 100

¿Que es un Índice Compuesto? 102

¿Que es un Beta? 103

¿ Que es un Alfa?	**104**
Capítulo 5	107
Sistema Financiero	107
¿ Que es el sistema Financiero?	**107**
¿ Que es el sistema Bancario?	**109**
¿ Que es un Banco Central?	**111**
¿ Que hace un Banco Central?	**111**
¿ Qué son los Agregados Monetarios?	**114**
Capítulo 6	116
Costo del Dinero.	116
¿Que es el interés?	**116**
¿Que son el interés Simple y el Compuesto?	**117**
¿Qué es tasa activa y pasiva?	**119**
¿Qué pago al tomar un crédito?	**120**
¿Que es la Amortización?	**129**
Capítulo 7	131
Anomalías de las Inversiones	131
¿Que es una burbuja financiera?	**131**
¿Que es un esquema Ponzi?	**135**

¿Que es un esquema Piramidal?	137
¿Que es la fuga de capitales?	138
¿Que es el lavado de dinero?	140
Capítulo 8	141
Cómo Invertir.	141
¿Se puede predecir el futuro de los precios?	141
¿Que es la probabilidad de ganancia?	143
¿Que es el análisis Fundamental?	144
¿Que es el análisis Técnico?	145
¿Que es el Paseo Aleatorio?	146
¿Qué hacer para ganar?	147
Capítulo 9	149
Principios Básicos del inversor.	149
¿Qué principios básicos debo conocer?	150
¿Que son Órdenes de mercado y órdenes de límite?	154
¿Que es un Margen Trading y Short Selling?	157
¿Que es un Stop de Pérdidas?	158
¿Que es una estrategia de Inversión?	159

¿Que es una inversión de valor? 159

¿Que es una inversión rentada ? 161

¿Que es una inversión intradía? 164

¿Que es una estrategia de Renta Fija? 167

¿Qué es mejor: invertir por mi mismo o contratar un asesor? 169

¿Qué es un 'Asesor de Inversiones? 172

¿Qué normas debe observar un Asesor de Inversiones ? 175

   Capítulo 10 177

   Nociones de Economía. 177

¿Que es un ciclo económico? 177

¿Que es la teoría Keynesiana? 178

¿Que es la teoría Monetaria? 182

¿Qué son los indicadores económicos? 184

¿Qué efectos producen los indicadores económicos en los mercados financieros? 186

   Capítulo 11 188

   Calificación crediticia. 189

¿Qué es la calificación crediticia ? 189

¿Qué hacen las Agencias de Calificación ?	190
¿Qué es un Bono IG Investment Grade?	194
¿Qué es el Riesgo País y qué implica?	197
¿Qué implica el Riesgo País?	199
Capítulo 12	201
Sistemas de Inversión.	201
¿ Qué sistema me garantiza ganancias?	201
¿ Qué es un sistema discrecional de inversión?	201
¿ Qué es un sistema automático o algorítmico de inversión?	202
¿Qué es la esperanza matemática?	204
Capítulo 12	205
Información necesaria.	205
¿ Que sitios webs debo seguir para estar informado?	205
¿ Qué libros recomiendo leer?	208
¿ Qué activos comenzar a operar?	214
¿ Que Brokers o Casas de Bolsa elegir?	216
Recomendaciones antes de empezar.	220

"La mente que se abre a una nueva idea, jamás volverá a su tamaño original."

Albert Einstein

Capítulo 1
Inversor e Inversiones

---

1. ¿Que es un Inversor ?

- - - - !

Un inversor es una persona que renuncia al gasto o consumo total de sus recursos en el momento actual con el objetivo de obtener una rentabilidad en el futuro. El perfil del inversor puede ser muy amplio, pudiendo cualquier persona dedicarse a muchos tipos diversos de inversiones.

La rentabilidad es un resultado futuro e incierto, con el que el inversor especula se lograra ya sea por la acción del tiempo agregando valor al activo o por la dinámica de la oferta y la demanda colocando dicho activo en una plaza distinta obteniendo a cambio una diferencia en el precio a su favor.

Sin saberlo poco o mucho has invertido en ti mismo , en tu futuro y en el de los que de alguna manera dependen de ti.

2. ¿Que es un especulador?

Aparentemente la discusión sobre la diferencia entre un inversor y un especulador ha quedado saldada desde la década del 1930, Benjamin Graham escribió en su libro " Security Analysis" "... una operación de inversión es aquella que luego de un profundo estudio, promete seguridad del principal (capital inicial), y un adecuado rendimiento, las operaciones que no satisfacen estos requisitos SON ESPECULATIVAS... ".

Por lo que se desprende que quien invierte ha hecho un cálculo basado en determinados patrones y trata de justipreciar el valor del activo del cual pretende obtener beneficios, midiendo los riesgos si eso no ocurriera, mientras que el especulador sólo sostiene que habrá una demanda que pagará un precio diferencial por el activo que el posee.

3. ¿Que es invertir por Objetivos?

La posibilidad de invertir de acuerdo a lo que se pretende lograr, teniendo la posibilidad de segmentar de manera clara, los distintos objetivos para lo cual invierto mi dinero. Así como, la posibilidad de contar con una inversión para cada objetivo, a diferencia de una sola cuenta que pretenda resolver mis múltiples necesidades. La forma en que se invierte mi capital , está determinada por las características de los objetivos que pretendo alcanzar:

- Lo que necesito y lo que no necesito. Orden de importancia.
- El tiempo en que quiero lograrlo (plazo).
- El capital del que dispongo.
- La proporción del ahorro que destinare para alcanzar ese objetivo.
- Liquidez o disponibilidad de de la inversión.
- Volatilidad y manejo de los riesgos.

4. ¿Que es el ciclo virtuoso?

Antes de seleccionar un activo, un índice o un país para invertir hay que considerar lo siguiente:

El círculo virtuoso se puede explicar simplemente de acuerdo a este esquema: El Banco Central del país, debe promocionar bajos tipos de interés para provocar un atractivo para acceder a créditos que fomenten la producción y la reactivación de sectores deprimidos. Además un bajo interés permite tener más recursos disponibles para el consumo, el ahorro o la inversión. De esta manera, la inversión real se incrementa con tipos más favorables para el comienzo de actividades generadoras de recursos y empleo. Cuando se incrementa la inversión real, sube la producción de los recursos económicos empleados por el acervo de capitales nuevos.

Por ende tenemos más puestos de empleo generados porque se requiere de mano de obra nueva para utilizar en la nueva producción.

Estos nuevos empleos ponen en manos de los trabajadores dinero que vuelve al sistema productivo en forma de compra de bienes.

Las acciones y los activos vinculados a la economía real tienden a valorizarse durante este periodo.

En un momento la capacidad productiva se satura con el aumento de dinero en el mercado se produce un recalentamiento de los precios relativos con tendencia al alza.

Es en este punto, es donde el Banco Central interviene aumentando la tasa y dando origen a un anti ciclo. **Los activos vinculados al ciclo económico tienden a perder valor.**

Bajo interés -> Crédito -> + Inversión Real -> + Producción -> + Empleo -> + Ingresos per cápita -> + Consumo y + Ahorro -> + Crecimiento.

5. ¿Que es la curva diferencial de tipos?

En términos simples: Si te ofrecen mayor interés por tu dinero, en un periodo más corto , que por un plazo más largo de inversion , es que quien te ofrece este negocio tiene problemas o urgencias para reponer el capital de sus acreedores. **Esto es aplicable a Bonos, Acciones, Fondos de Inversión, Divisas, Materias primas etc. negociados a un plazo.**

El plazo de un activo financiero, tratándose de una madurez fija, se define como el tiempo hasta el día del vencimiento en que dicho activo pagará los dividendos prometidos.

La relación que se expresa a través de la curva de tipos de interés es una función, en la que la variable dependiente es el tipo de interés y la variable independiente será el plazo correspondiente.

Estas curvas de tipos de interés, permiten establecer comparaciones entre las rentabilidades de los diferentes instrumentos, monedas o países, del mismo o diferente nivel de riesgo crediticio, lo que facilita al inversor la toma de decisiones.

6.¿En que se puede invertir?

Dependiendo de la naturaleza de los activos se puede invertir en Activos físicos como un bien raíz, una cosecha , obra de arte etc o en activos representativos un contrato, un servicios, o un activo del mercado financiero.

Los principales mercados financieros que más rentabilidad ofrecen a los inversores son los siguientes:

- Mercado monetario: se negocia invertir en grandes cantidades de dinero, está enfocado a grandes empresas.
- Mercado de capitales de renta fija: se negocia la inversión en deuda, es decir, en Bonos.
- Mercado de capitales de renta variable: se negocia invertir en acciones, o lo que es lo mismo en fondos propios de las empresas, a través del mercado de la Bolsa.
- Mercado de divisas: se invierte en el valor y cambio de moneda de un país.

- Mercado de derivados: se invierte en productos derivados del resto de mercados, Futuros y Opciones.
- Mercado de Materias Primas y / Metales. Petróleo , Oro , Plata, etc.

7. ¿Qué es un activo financiero?

Un activo financiero es un instrumento financiero que otorga a su comprador el derecho a recibir ingresos futuros por parte del vendedor, es decir, es un derecho sobre los activos reales del emisor y el efectivo que generen. Pueden ser emitidas por cualquier unidad económica (empresa, Gobierno, etc).

Al contrario que los activos tangibles (un automóvil o una casa por ejemplo), los activos financieros no suelen tener un valor físico. El comprador de un activo financiero posee un derecho (acreencia) y el vendedor una obligación (un pasivo).

Un activo financiero obtiene su valor de ese acto contractual. Gracias a estos instrumentos las entidades que poseen deuda se pueden financiar y a su vez, las personas que quieren invertir sus ahorros consiguen una rentabilidad invirtiendo en esa deuda. Los activos financieros se representan mediante títulos físicos o anotaciones contables (por ejemplo, una cuenta en el banco).

Los Activos Financieros tienen las siguientes características:

1. Rentabilidad: Cuanto más interés aporta el activo mayor es su rentabilidad.

2. Riesgo: Probabilidad de que el emisor no cumpla sus compromisos. Cuanto mayor sea el riesgo, mayor será la rentabilidad.
3. Liquidez: Capacidad de convertir el activo en dinero sin sufrir pérdidas. Podemos clasificar los activos financieros según su liquidez:

8. ¿Que es un trader?

En el ámbito de las inversiones podríamos definir a un trader o negociante, como una persona física o entidad que se encarga de comprar y vender instrumentos financieros de todo tipo. Un trader es un agente que puede funcionar como intermediario, operador de cobertura y especulador de su propio dinero o de dinero de terceros.

Un trader puede trabajar por cuenta propia o bien pertenecer a una entidad financiera, un banco o un fondo de inversión, entre otras instituciones.

La figura del trader en el mundo de las finanzas es muy importante. Por eso, para valorarlos como se merecen, es muy recomendable que uno mismo se interese en conocer a fondo su oficio y la importancia de su labor.

9. ¿Que hace un trader ?
- - - - X

Un trader es aquella persona que se dedica a comprar y vender productos financieros como actividad habitual, con la finalidad de obtener una rentabilidad en la negociación. Un trader por regla general suele operar con productos derivados o futuros y opciones aunque también hay otros que se especializan más en la compra de bonos del Estado, letras del tesoro o incluso los traders del mercado Forex, que son los que comerciar con divisas y hoy dia cripto activos.

Una de las imágenes que seguramente nos venga rápidamente a la mente cuando pensamos en un trader en acción es la de un hombre en su puesto de trabajo rodeado de pantallas de ordenador y analizando los mercados con total profesionalidad.

Y en efecto, ahí es donde ocurre la magia.

Los traders que trabajan en empresas realizan su tarea en unas salas denominadas trading floor donde por lo general tienen acceso a 6 u 8 pantallas de ordenador aproximadamente. En español vendría siendo algo así como sala de operaciones bursátiles. De este modo, los traders consiguen tener un mayor control sobre el estado de los mercados financieros y pueden realizar pronósticos mucho más certeros a la hora de invertir el capital.

En la mayoría de las ocasiones el trabajo que realizan estos traders va dirigido básicamente para aportar beneficios, o pérdidas si fuera el caso, a las entidades bancarias. Obviamente, estas entidades tienen un techo máximo de gastos, por lo que el trader que trabaja para ellos puede conseguir el beneficio más alto posible para la entidad y además, conseguir que la entidad siga teniendo prestigio y buena reputación de cara al público.

En la actualidad, **las nuevas tecnologías hacen posible que los traders puedan hacer su trabajo cómodamente desde sus casas,** ya que lo único que necesitan es un ordenador con conexión a

Internet. Aunque también hay que decir que en parqués de cotización siguen trabajando a buen ritmo a pesar de que ya se van quedando algo más obsoletos.

Los traders que trabajan para empresas o entidades financieras están remunerados, como es de esperar, y son realmente altas en comparación con otras profesiones. Sobre todo teniendo en cuenta que los traders cobran un extra a final de año según lo que haya ganado la entidad gracias a sus servicios. En ocasiones, este extra supera con creces el sueldo fijo.

10. ¿Qué es un broker y porque lo necesito?

La actividad principal de un broker (casa de bolsa, corredor bursátil, etc), es la de ser un intermediario que conecta compradores y vendedores para facilitar una transacción. Los brokers reciben compensación por medio de comisión una vez que la transacción se ha completado con éxito. Por ejemplo, cuando se ejecuta una orden comercial para una acción, un inversor paga una tarifa de transacción por los servicios de la empresa de corretaje. Un broker es una persona física o una firma que actúa de intermediario entre un comprador y un vendedor y que normalmente cobra una comisión de la operación.

En español es llamado agente o corredor. Ejercer como corredor exige el cumplimiento de las normativas del país donde esté establecido, lo cual suele requerir una licencia específica. Esta licencia ha de ser emitida por los organismos reguladores competentes localmente como la CNV (Comisión Nacional del Mercado de Valores), la FSA de Inglaterra (Financial Services Authority) o la NFA de Estados Unidos (National Futures Association).

Para cada mercado existen diferentes tipos de brokers si bien cada vez es más común que los grandes brokers internacionales cubran y den acceso a más mercados en forma global.

11. ¿Que es una bolsa de valores y cómo funciona?

La Bolsa de Valores funciona como un gran mercado donde se compran y venden acciones. Cuando una empresa lanza nuevas acciones o las vende por primera vez se hace una oferta pública, ésta se conoce como mercado primario. Después, las acciones se negocian entre particulares, esto es conocido como mercado secundario.

El precio de la compra y venta de las acciones se fija de acuerdo con las leyes de libre mercado: oferta y demanda. Quienes compran acciones fijan el precio al que están dispuestos a comprarlas y quienes las venden hacen lo mismo. De esa forma se van efectuando las operaciones.

Al hacer una oferta pública de acciones, la empresa se convierte en **empresa pública**. Esto significa que cualquier persona interesada puede obtener información acerca de sus resultados, del desempeño del negocio.

La empresa tiene que compartir públicamente sus resultados y sus estados financieros de manera trimestral y anual, para que cualquier accionista —o futuro inversionista— tenga conocimiento de cómo va el negocio.

Pero además cualquier persona que compró acciones de esa empresa puede venderlas posteriormente, si así lo desea, a otros inversionistas interesados. Esto se hace en la tienda especializada, en el mercado en donde se juntan personas que quieren comprar, con aquellas que están dispuestas a vender. Ese lugar, de nueva cuenta, es la Bolsa de Valores.

Por eso las empresas que emitieron acciones a través de oferta pública tienen que listarse en la Bolsa de Valores y están obligadas a dar la información comentada. De esta manera todos pueden tener elementos confiables que les permitan evaluar la conveniencia de comprar o vender una acción.

Algunas empresas reinvierten sus utilidades en el crecimiento del negocio. Otras tienen como política distribuir una parte de ellas a sus accionistas: a todos y por lo tanto ofrecen dividendos. Por otro lado, cuando la empresa va creciendo en ventas y resultados, se vuelve más valiosa y por ende sus acciones tienden a subir de precio.

Ahora bien, aunque en el mercado hay muchos inversionistas de largo plazo, conocedores del negocio y que buscan invertir en una empresa por sus méritos, por sus fundamentales, hay otros que son más especuladores, que buscan comprar y vender acciones todos los días para hacer ganancias rápidas.

Capítulo 2

Invirtiendo en Activos Financieros.

12. ¿Qué son las acciones ?

Las acciones son las partes en las que se divide el capital social de una empresa (sociedad anónima). Eso significa que al adquirirlas, el poseedor se convierte en accionista y en consecuencia, en propietario de una parte de la sociedad. Es decir, representan la propiedad que una persona tiene de una sociedad.

El hecho de poseer acciones de una sociedad de derechos y obligaciones a su titular. Entre los derechos están: el derecho a voto en la junta de accionistas, exigir información sobre la empresa, recibir dividendos o vender las acciones de las que disponga. Entre las obligaciones, el accionista deberá soportar pérdidas si la empresa no obtiene buenos resultados.

13. ¿Qué son los dividendos?

Es el reparto que se hace de las ganancias (beneficios) que tiene una sociedad (empresa) entre sus propietarios (accionistas). Normalmente tiene carácter periódico. La cantidad monetaria que se recibe en forma de dividendo se calcula precisamente dividiendo el dinero que la sociedad dispone para repartir entre el número de acciones en que esté dividido el capital social. Esta cantidad se deberá aprobar en la asamblea o junta de accionistas, aunque existen unas limitaciones recogidas en la Ley de Sociedades , que son admitidas en la legislación comparada.

Resumiendo:
- **Invertir es postergar el gasto , colocando un capital buscando un beneficio.**
- **Se requiere de un mercado donde se encuentren activos financieros y otros inversores, por ejemplo la bolsa.**
- **El inversor que realiza habitualmente maniobras de mercado es denominado trader.**
- **En general necesitamos un Broker intermediario para invertir.**
- **Hay diversos activos financieros dependiendo del tipo de renta y el tiempo en que se obtendrá el beneficio.**

14.   ¿Qué es una OPA?

Una oferta pública de adquisición de acciones (OPA) es una operación financiera que tiene por objeto obtener una participación significativa en el capital de una Sociedad, normalmente cotizada, a la que habitualmente se denomina "sociedad afectada", mientras que, quien lanza la OPA, que puede ser una persona física o jurídica (o varias), se denomina "entidad oferente".

Una OPA puede realizarse sobre una empresa cotizada o sobre una empresa no cotizada. En el primer caso, existen unas normas de obligatoriedad fijadas legalmente, mientras que en el caso de una empresa no cotizada, la OPA tendrá normalmente el carácter de OPA voluntaria.

Cuando se lanza una OPA sobre las acciones de una empresa cotizada, la legislación comparada en general, obliga a que se extienda la oferta a todos los valores susceptibles de convertirse en capital, a excepción de los *warrants* y las opciones de compra. Por tanto, si la sociedad afectada tiene emitidos bonos convertibles o hay una ampliación de capital en curso, existiendo derechos de suscripción en el mercado, o tiene emitidas acciones sin voto y, por no pagar el dividendo mínimo, se ha conferido derecho de voto las mismas, la entidad oferente tendrá que ampliar su oferta a todos estos valores, estableciendo las equivalencias financieras necesarias para dar un valor de compra a todos ellos, que sea homogéneo con el que ha ofertado por las acciones.

15. ¿Qué es una Oferta pública inicial (OPI)?

Una Oferta pública inicial (OPI) es la venta de acciones a los inversores por primera vez, ofreciendo varias ventajas para la empresa, los inversionistas y aseguradores (los banqueros de inversión que hacen la oferta pública inicial).

Una OPI se produce en el mercado primario, para luego ser comercializadas en los mercados secundarios. La diferencia principal entre un mercado primario y un mercado secundario es que en los primeros son donde se emiten los activos financieros , se lleva a cabo a través de agencias emisoras autorizadas que tengan una determinada reputación en el mercado, con la finalidad de que pueda ser negociado en el mercado secundario. que es donde se negocian e intercambian los activos financieros ya emitidos previamente, son mercados organizados como por ejemplo la bolsa de comercio, o las cámaras compensadoras.

Antes de realizar una Oferta pública inicial (OPI) la empresa era una compañía privada, pero una vez realizada la OPI, la compañía está permitiendo que el público participe en su crecimiento y en sus ganancias.

16. ¿Qué es una ICO ?

La "oferta inicial de monedas", palabras que en inglés conforman la sigla ICO, es una nueva herramienta de recaudación de fondos que negocia futuras criptomonedas a cambio de criptomonedas existentes de valor líquido inmediato, como Bitcoin.

Como destaca The Economist, al invertir en una ICO se adquieren "cupones digitales" emitidos en una blockchain (registro público) similar a la que sostiene la tecnología Bitcoin. Esto la hace fácilmente intercambiables y, a diferencia de las acciones tradicionales, no confieren los derechos de propiedad.

La explosión de la cotización del Bitcoin y de otras criptomonedas ha dado lugar a nuevos modelos de inversión y, en consecuencia, las "startups" más innovadoras atraen cada vez más a capitalistas de riesgo. El resultado es un cambio radical en las estrategias globales de las empresas. Los capitalistas tradicionales confían cada vez más en la nuevas tecnologías y buscan nuevas maneras de involucrarse e invertir.

La mayoría de las ICO se comercializan como "cupones de preventa" de algún software. Con el fin de evitar los avatares legales de cualquier forma de ventas de activos no declarados, las ICO usan estrategias de donación (crowdfunding). El debate acerca de la regulación de las ICO es positivo, ya que permite que este mercado se desplace e innove rápidamente. Sin embargo, este argumento no mitiga la posibilidad de que los inversionistas menos experimentados sean víctimas de estafas

17. ¿Qué es el capital accionario?

Es el conjunto de instalaciones, maquinaria, instrumentos y activos financieros que se utilizan en la producción de bienes y servicios.

Constituye uno de los tres factores de producción, junto con la tierra y el trabajo, necesarios para producir un bien o servicio. Está compuesto por los recursos, bienes y valores disponibles para la satisfacción de necesidades futuras. Es decir, es el patrimonio poseído y susceptible de generar una renta.

18. ¿Qué es un Mercado OTC (Over The Counter)?

El mercado "Over-the-Counter" (sobre el mostrador diríamos en español), más conocido como OTC, es un mercado extrabursátil donde se negocian distintos instrumentos financieros directamente entre dos partes. Normalmente las operaciones OTC se realizan por una red electrónica, donde las partes pueden negociar contratos financieros.

Para entender el mercado OTC es útil compararlo con el funcionamiento del mercado formal. En los mercados formales, como las bolsas de derivados, los contratos se emiten, listan y operan en una bolsa de derivados asociada a una cámara de compensación que actúa como contrapartida central.

Los contratos estandarizados suelen tener estas características:

-Un valor o monto estandarizado para cada contrato.

-Un tipo de subyacente estandarizado (p.ej. 1 kilogramo de oro).

-Una fecha de vencimiento.

En las bolsas de derivados normalmente se pueden negociar Futuros y Opciones como contratos estandarizados cuyo cumplimiento se garantiza con aportaciones iniciales mínimas y llamadas de margen (margin call en inglés) para cubrir saldos negativos según la evolución diaria del contrato.

Los contratos no estandarizados del mercado OTC pueden ser negociados por cualquier agente financiero (broker, banco, empresa, etc) con una garantía y sin cobertura de riesgo de contrapartida. Habitualmente las operaciones OTC electrónicas se llevan a cabo entre bancos, brokers, instituciones financieras y clientes corporativos.

A diferencia de una bolsa de valores estandarizada, el mercado OTC no se negocia en una plataforma centralizada, sino en la mayoría de los casos utiliza comunicaciones electrónicas o el teléfono por ejemplo, para que se pueda encontrar la oferta y demanda. En general, las órdenes de compra y venta son colocadas en el mercado OTC mediante conversaciones telefónicas que son grabadas. En los casos que surge algún conflicto sobre una transacción, se escucha la grabación para resolver la discrepancia. Sin embargo, la tendencia del mercado OTC es negociar un mayor número de operaciones en sistemas electrónicos, quedando la negociación telefónica para contratos más complejos y con menor grado de estandarización.

Las transacciones llevadas a cabo en el mercado OTC suelen ser muchas veces más importantes que las concretadas en los mercados regulados. Se pueden negociar instrumentos tales como divisas, índices, commodities, bonos, futuros y obviamente metales preciosos como el oro, plata, platino o paladio, etc.

Dado el fuerte crecimiento de las operaciones OTC y su creciente influencia en la economía, se tiende a incrementar la regulación sobre las mismas en los mercados financieros.

19.   ¿Qué es un Bono?.

Un bono es una inversión de renta fija en la cual un inversionista presta dinero a una entidad (típicamente corporativa o gubernamental) que toma prestados los fondos por un período de tiempo definido a una tasa de interés variable o fija. Los bonos son usados por compañías, municipalidades, estados y gobiernos soberanos para recaudar dinero y financiar una variedad de proyectos y actividades. Los propietarios de los bonos son deudores o acreedores del emisor.

20.   ¿Cómo funcionan los bonos?

Cuando las empresas u otras entidades necesitan recaudar dinero para financiar proyectos nuevos, mantener operaciones en curso o refinanciar deudas existentes, pueden emitir bonos directamente a los inversores en lugar de obtener préstamos de un banco. La entidad endeudada (emisor) emite un bono que establece contractualmente la tasa de interés que se pagará y el momento en que se deben devolver los fondos prestados (principal del bono) (fecha de vencimiento). La tasa de interés, llamada tasa de cupón o pago, es la ganancia que obtienen los tenedores de bonos por prestar sus fondos al emisor.

El precio de emisión de un bono generalmente se establece a la par , generalmente $ 100 o $ 1,000 de valor nominal por cada bono individual. El precio de mercado real de un bono depende de una serie de factores que incluyen la calidad crediticia del emisor, el período de tiempo hasta el vencimiento y la tasa de cupón en comparación con el entorno de tasa de interés general en ese momento.

21. ¿Qué es una Nota del Tesoro?

Son títulos de deuda de mediano plazo emitidos por el Estado. La tasa de interés pactada se paga a descuento, esto implica que al momento de realizarse la inversión se entrega el importe nominal deducido el monto de intereses de acuerdo a la tasa y plazo. Al vencimiento, el inversor recibe el 100% del valor pactado (valor nominal). Se negocian en bolsa. Tienen características similares a las Letras de Tesorería, pero mayor plazo al vencimiento.

22. ¿Qué es una Letra del Tesoro?

Son títulos de deuda emitidos por el Estado de corto plazo que amortizan a vencimiento y la tasa de interés se calcula a descuento, esto implica que al momento de realizarse la inversión se entrega el importe nominal deducido el monto de intereses de acuerdo a la tasa y plazo al vencimiento. Al vencimiento el inversor recibe el 100% del valor pactado (valor nominal). Pueden operar en bolsa aunque en los hechos sólo algunas emisiones tienen mercado secundario. Es una herramienta utilizada por los Bancos Centrales para regular la liquidez y la circulación de dinero en las plazas interbancarias , intentando evitar la preferencia por el gasto y el aumento de los precios relativos.

23. ¿Qué es un ETF ?

Exchange-traded fund (**ETF** por sus siglas en inglés ETF son valores que rastrean un índice , un producto básico , un bono o una cesta de activos, como un fondo indexado, similar a los fondos mutuos . Pero a diferencia de los fondos mutuos, los ETF se negocian como una acción en un mercado de intercambio o secundario. Por lo tanto, durante el día, los precios de ETF fluctúan a medida que los operadores compran y venden acciones. Estas operaciones proporcionan liquidez en los ETF y transparencia en el precio, pero también someten a los ETFs a la manipulación de precios intradía, ya que el valor de negociación puede desviarse, incluso ligeramente, del valor del activo neto subyacente. Los comerciantes pueden aprovechar estas oportunidades.

El arbitraje es la compra y venta simultánea de un activo para beneficiarse de un desequilibrio en el precio. Es una operación que se beneficia explotando las diferencias de precios de instrumentos financieros idénticos o similares en diferentes mercados o en diferentes formas. El arbitraje existe como resultado de ineficiencias del mercado y, por lo tanto, no existiría si todos los mercados fueran perfectamente eficientes.

24. ¿Qué es un Contrato por Diferencia?

Un CFD Conocido por su anglicismo Contract for Difference=, es un acuerdo entre un "comprador" y un "vendedor", con arreglo al cual convienen en intercambiar la diferencia entre el precio actual de un activo subyacente (acciones, divisas, materias primas, índices, etc.), y el precio del mismo cuando el contrato o la operación se cierre. Los CFD son productos "apalancados". Ofrecen una exposición a los mercados, exigiendo al inversor que aporte únicamente un pequeño margen ("depósito") del valor total de la operación. Permiten a los inversores aprovecharse de la evolución de los precios al alza (asumiendo "posiciones largas"), o a la baja (asumiendo "posiciones cortas") de los activos subyacentes.

La volatilidad del mercado accionario, así como de otros mercados financieros, junto con un elevado apalancamiento adicional de su inversión, pueden dar lugar a variaciones súbitas de su posición inversora. Puede que se requiera una actuación inmediata para gestionar su exposición al riesgo, o para depositar un margen adicional.(Ver Tema # Que es el apalancamiento?

25. ¿Qué es un Futuro?

El contrato de futuros, comúnmente conocido como "futuros", es un contrato entre dos partes que se comprometen a, en una fecha futura establecida y a un precio determinado, intercambiar un activo, llamado activo subyacente, que puede ser físico, financiero, inmobiliario o de materia prima.

En el mercado de futuros se realizan operaciones de compra-venta donde se determinan las condiciones hoy, pero se pospone la ejecución real de la operación para el futuro. De este modo, el comprador en un contrato tiene la obligación de comprar el activo correspondiente en la fecha de vencimiento acordada mientras que el vendedor tiene la obligación de entregar el activo al comprador en la misma fecha pautada.

Como Inversor se deberá contar con un Broker intermediate que nos contacta con el Mercado de Futuros, hoy día mediante plataformas electrónicas de negociación, donde estarán en pantalla las opciones disponibles de futuros disponibles, sus precios, primas y vencimientos.

Los contratos de futuros funcionan con entrega física, dado que al momento de su vencimiento, quienes mantienen contratos abiertos (comprados o vendidos) están obligados a recibir o entregar la mercadería en cuestión. Sin embargo, durante los últimos años, en distintos mercados del mundo se han desarrollado contratos de futuro de tipo cash-settled, los cuales se liquidan por diferencia de precios y en efectivo.

Esto quiere decir que ni el comprador ni el vendedor están obligados a recibir o entregar la mercadería, sino que los contratos se cancelan pagando o cobrando la diferencia según el precio vigente en el mercado. Gracias al mercado de futuros, los inversores minoristas pueden anticiparse a los cambios que tendrán los precios de los productos y obtener así una ganancia de ello.

26. ¿Qué son las Opciones?

Las Opciones son derechos de compra o de venta de un Activo. Ese derecho puede ejercerse solamente hasta una fecha y por un valor predeterminado.

Al igual que los Futuros, las Opciones son Derivados Financieros y reciben ese nombre porque no tienen un valor propio (como una Acción que lo tiene porque es una parte de una empresa) sino que derivan su valor de otro Activo. Ese Activo respecto al cual adquiere un valor un Derivado se llama Activo Subyacente.

El precio que un inversor paga por comprar una Opción se llama Prima (ese es el precio de cotización de la Opción) y el monto al cual podrá ejercer su derecho de compra o venta del Activo Subyacente se llama Base.

Quien compra una Opción tiene el derecho pero no la obligación de ejercerla. O sea, solamente ejerce ese derecho si le conviene. Contrariamente, quien vende una Opción tiene la obligación de cumplir con el comprador si éste ejerce la Opción.

27. ¿Qué son las Opciones Call y Put?

CALL: son derechos de compra del Activo Subyacente. Quien compra un Call, se asegura no pagar por la adquisición del Activo Subyacente más que el valor de la Base. Si llegada la fecha de vencimiento del Call el precio de cotización es menor a la Base, puede no ejercer el Opción y comprar más barato el activo en el mercado. Si la situación es la opuesta, ejerce la Opción.

PUT: son derechos de venta del Activo Subyacente. Quien compra un Put, se asegura no recibir por la venta del Activo Subyacente menos que el valor de la Base.

Las Opciones tienen múltiples usos. Algunos de ellos tienen fines especulativos y otros, tienen como objetivo asegurar precios y, por lo tanto, bajar el riesgo se los puede denominar en este sentido **operaciones de Cobertura.**

28. ¿Qué es un ADR?

La sigla corresponde a "American Depositary Receipts". Es un instrumento financiero negociable emitidos por un banco de los EEUU, que permite a empresas no americanas cotizar en la Bolsa de Nueva York, es decir posibilitan la negociación de acciones de empresas extranjeras en las bolsas estadounidenses o en una bolsa del exterior. Las acciones correspondientes quedan custodiadas en un banco americano que emite a su vez ADR's.

Existen muchas empresas de los paneles generales de diversos países que en sus bolsas respectivas pueden comprarse con legislación de EEUU y en moneda Dólar. Es un recurso muy utilizado cuando existe riesgo cambiario.

29. ¿Qué es el Arbitraje ?

El arbitraje se produce cuando un valor se compra en un mercado y se vende simultáneamente en otro mercado a un precio más alto, por lo que se considera una ganancia libre de riesgo para el comerciante. El arbitraje proporciona un mecanismo para garantizar que los precios no se desvíe sustancialmente del valor razonable durante largos períodos de tiempo. Con los avances en la tecnología, se ha vuelto extremadamente difícil sacar provecho de los errores de precios en el mercado. Muchos comerciantes tienen sistemas de negociación computarizados establecidos para monitorear las fluctuaciones en instrumentos financieros similares . Cualquier configuración ineficiente de fijación de precios generalmente se aplica rápidamente, y la oportunidad se elimina a menudo en cuestión de segundos.

Un simple ejemplo de arbitraje, consideremos lo siguiente. Las acciones de la Compañía X se cotizan a $ 20 en la Bolsa de Valores de Nueva York (NYSE), mientras que, al mismo tiempo, se cotiza a $ 20.05 en la Bolsa de Londres (LSE).

Un comerciante puede comprar las acciones en la NYSE e inmediatamente vender las mismas acciones en la LSE, obteniendo una ganancia de 5 centavos por acción. El operador podría continuar explotando este arbitraje hasta que los especialistas en la NYSE se queden sin inventario de las acciones de la Compañía X, o hasta que los especialistas en la NYSE o LSE ajusten sus precios para eliminar la oportunidad.

30. ¿Qué es el apalancamiento?

El apalancamiento surge de tomar un crédito transitorio, para invertir ese capital en un activo que genere una rentabilidad más alta que el costo de deuda asumida. Es la manera que muchos inversores eligen para manejar una cantidad mayor de un activo , con un capital que se conserva en garantía de dicha operativa, a la diferencia entre la compra del activo y el capital que quede en garantía se lo denomina margen; así cuanto mayor apalancamiento amplificando la inversión, quedará menor margen de garantía. Si se consume el total del margen significa la pérdida del capital. **Es por ello que hay que mantener un equilibrio en el apalancamiento con el margen disponible.**

En el mercado bursátil, un inversor puede apalancarse tomando una caución como garantía.

31. ¿Qué es la Cuenta Comitente?

La cuenta comitente es el vehículo necesario para que un inversor opere en un mercado de valores o financiero. Para poder abrir la cuenta, los inversores deben contactar a un broker o Agente Intermediario con posición en el mercado en donde completarán un formulario de apertura de cuenta y presentarán documentación de identidad y justificación de fondos. Una vez efectuada la apertura de la cuenta, se deberá realizar la transferencia de los fondos, y luego de su acreditación estará habilitada para operar.

Capítulo 3

Valoración de una Empresa .

32. ¿Qué es el Balance de una Empresa?

Es el estado financiero principal de una empresa que representa lo que tiene y lo que debe. El balance general es un resumen de todo lo que tiene la empresa, de lo que debe, de lo que le deben y de lo que realmente le pertenece a su propietario, a una fecha determinada.

33. ¿Cómo se compone el Balance de una Empresa?

Partes que conforman el balance general
1. Activos
2. Pasivos
3. Patrimonio

Veamos en detalle cada una de las partes que componen el balance general:

Activos

Es todo lo que tiene la empresa y posee valor como:

El dinero en caja y en bancos.

Las cuentas por cobrar a los clientes

Las materias primas en existencia o almacén

Las máquinas y equipos

Los vehículos

Los muebles y enseres

Las construcciones y terrenos

Los activos de una empresa se pueden clasificar en orden de liquidez en las siguientes categorías: Activos corrientes, Activos fijos y otros Activos.

Activos corrientes

Son aquellos activos que son más fáciles para convertirse en dinero en efectivo durante el período normal de operaciones del negocio.

Estos activos son:

Caja

Es el dinero que se tiene disponible en el cajón del escritorio, en el bolsillo y los cheques al día no consignados.

Bancos

Es el dinero que se tiene en la cuenta corriente del banco.

Cuentas por Cobrar

Es el saldo de recaudar de las ventas a crédito y que todavía deben los clientes, letras de cambio los préstamos a los operarios y amigos. También se incluyen los cheques o letras de cambio por cobrar ya sea porque no ha llegado la fecha de su vencimiento o porque las personas que le deben a usted no han cumplido con los plazos acordados.

Inventarios

Es el detalle completo de las cantidades y valores correspondientes de materias primas, productos en proceso y productos terminados de una empresa.

En empresas comerciales y de distribución tales como tiendas, graneros, ferreterías, droguerías, etc., no existen inventarios de materias primas ni de productos de proceso. Sólo se maneja el inventario de mercancías disponibles para la venta, valoradas al costo.

Existen varios tipos de Inventarios:

Inventarios de Materias Primas

Es el valor de las materias primas disponibles a la fecha de la elaboración del balance, valoradas al costo.

Inventario de Producción en Proceso

Es el valor de los productos que están en proceso de elaboración. Para determinar el costo aproximado de estos inventarios, es necesario agregarle al costo de las materias primas, los pagos directos involucrados hasta el momento de realización del balance. Por ejemplo, la mano de obra sea pagada como sueldo fijo o por unidad trabajada (al contrato o destajo), los pagos por unidad hechos a otros talleres por concepto de pulida, tallada, torneada, desbastada, bordado, estampado, etc.

Inventario de Producción Terminada

Es el valor de la mercadería que se tiene disponible para la venta, valorada al costo de producción.

Activos Fijos

Es el valor de aquellos bienes muebles e inmuebles que la empresa posee y que le sirven para desarrollar sus actividades.

Maquinaria y Equipo

Vehículos

Muebles y Enseres

Construcciones

Terrenos

Para ponerle valor a cada uno de estos bienes, se calcula el valor comercial o de venta aproximado, teniendo en cuenta el estado en que se encuentra a la fecha de realizar el balance. En los casos en que los bienes son de reciente adquisición se utiliza el valor de compra.
Los activos fijos sufren desgaste con el uso. Este desgaste recibe el nombre de "depreciación"

Otros activos:

Son aquellos que no se pueden clasificar en las categorías de activos corrientes y activos fijos, tales como los gastos pagados por anticipado, las patentes, etc.

Pasivos

Es todo lo que la empresa debe a terceros. Los pasivos de una empresa se pueden clasificar en orden de exigibilidad en las siguientes categorías.

Pasivos corrientes, pasivos a largo plazo y otros pasivos.

Pasivos corrientes

Son aquellos conceptos que la empresa debe pagar en un período menor a un año.

Sobregiros:

Es el valor en exceso de la propia liquidez permitido de emisión de deuda , ejecutado o no , pero cubierta por alguna institución financiera, vigentes en la fecha de realización del balance.

Obligaciones Bancarias

Es el valor de las obligaciones contraídas (créditos) con los bancos y demás entidades financieras.

Cuentas por pagar a proveedores

Es el valor de las deudas contraídas por compras hechas a crédito a proveedores.

Anticipos

Es el valor del dinero que un cliente anticipa por un trabajo aún no entregado.

Cuentas por pagar

Es el valor de otras cuentas por pagar distintas a las de Proveedores, tales como los préstamos de personas particulares. En el caso de los préstamos personales o créditos de entidades financieras, debe tomarse en cuenta el capital y los intereses que se deben.

Prestaciones y cesantías consolidadas

Representa el valor de las cesantías y otras prestaciones que la empresa le debe a sus trabajadores. La empresa debe constituir un fondo, con el objeto de cubrir estas obligaciones en el momento.

Impuestos por pagar

Es el saldo de los impuestos que se adeudan en la fecha de realización del balance.

Pasivo a largo plazo

Son aquellos activos que la microempresa debe pagar en un período mayor a un año, tales como obligaciones bancarias, etc.

Otros pasivos

Son aquellos pasivos que no se pueden clasificar en las categorías de pasivos corrientes y pasivos a largo plazo, tales como el arrendamiento recibido por anticipado.

Patrimonio

Es el valor de lo que le pertenece al empresario en la fecha de realización del balance. Este se clasifica en:

Capital

Es el aporte inicial hecho por el empresario para poner en funcionamiento su empresa.

Utilidades Retenidas

Son las utilidades que el empresario ha invertido en su empresa.

Utilidades del Período Anterior

Es el valor de las utilidades obtenidas por la empresa en el período inmediatamente anterior. Este valor debe coincidir con el de las utilidades que aparecen en el último estado de pérdidas y ganancias.

Reserva legal.

Corresponde al valor de las utilidades que por ley deben reservarse como universalidad separada, para los mínimos cumplimientos .

El patrimonio se obtiene mediante la siguiente operación:

El Activo es igual a **PASIVOS** más **PATRIMONIO.**

34. ¿Cómo se elige una empresa para invertir?.

Existen muchas formas de analizar un Balance de Empresa, a los efectos de valorar una inversión estos son los ratios más destacados a tener en cuenta:

Free Cash Flow Yield - Rentabilidad del flujo de caja

El Free Cash Flow Yield, o rentabilidad del flujo de caja se calcula dividiendo el flujo de caja entre el número de acciones, y este resultado entre el precio de cotización de la acción. Es uno de los ratios más utilizados por los analistas para valorar qué empresas son una buena compra.

Es especialmente relevante porque tiene en cuenta que la empresa tiene beneficio y además este es efectivo, ya que lo recibe en cash, sin tener en cuenta cobros en "diferido"...

$$\frac{\left(\dfrac{\text{Flujo de caja libre}}{\text{Nº acciones}}\right)}{\text{Precio de cotización}}$$

Es un ratio muy similar al de la rentabilidad del beneficio por acción, que se calcularía dividiendo el BPA entre el precio de cotización.

- **Cuanto menor sea el ratio es peor, y cuanto mayor, será mejor.**

Algunos analistas usan el Flujo de Caja libre, porque descuenta los gastos del capital, ya que consideran que es una medida más exacta de la rentabilidad que recibirán como accionistas si lo comparamos con los ingresos o con el beneficio.

Rentabilidad de las inversiones o del activo (ROA – Return on Assets, ROI – Return on Investments)

- Se calcula dividiendo el ingreso neto entre los activos totales.

$$ROA = \frac{\text{Beneficio Neto}}{\text{Activos totales}}$$

Podemos calcular también la caja que genera la empresa en relación a los activos, para compararla con las empresas del sector.

- Para ello dividimos el Cash Flow operativo (Flujo de caja de explotación) entre el total de activos.

El ROA lo podemos usar para comparar la empresa con el sector o con el ROA histórico de la propia compañía.

Debemos tener en cuenta que los activos están financiados bien con recursos propios, bien con deuda. El ROA nos da una medida de lo capaz que es la empresa en traducir la inversión en ingreso neto. Cuanto mayor sea el ROA mejor. Aunque habrá que tener en cuenta el nivel de endeudamiento de la compañía.

Return on Equity (ROE) Rentabilidad sobre el patrimonio neto (Accionista)

Es la rentabilidad sobre el Patrimonio neto (lo que recibiría el accionista). El patrimonio neto es la diferencia entre el total de activos menos el total de deudas. O lo que es lo mismo, el capital inicial que pusieron los accionistas en la compañía, sumando los beneficios que la compañía ha retenido y restando las acciones propias (autocartera). Estas acciones no pagan dividendos, no tienen derecho a voto, y no deben ser incluidas en como acciones en circulación.

Se calcula dividiendo el Ingreso neto entre el patrimonio neto.

$$ROE = \frac{\text{Beneficio Neto}}{\text{Patrimonio Neto}}$$

Return On Capital Employed - Rentabilidad del capital empleado (ROCE)

Se calcula dividiendo el EBIT entre el capital empleado.

$$ROCE = \frac{EBIT}{Capital\ empleado}$$

El EBIT son los beneficios antes de intereses e impuestos.

El capital empleado

El capital empleado es muy usado, aunque es verdad que hay distintos contextos en los que se puede usar...

1. Total de activos menos Deudas a corto plazo (pasivo corriente). Los analistas e inversores a menudo calculan ROCE en función del capital medio empleado (haciendo el promedio de capital empleado entre la apertura y cierre del ejercicio).
2. También se puede definir como el valor de todos los activos empleados para el negocio.
3. Activos fijos más el fondo de maniobra (Activo corriente menos pasivo corriente)

Es un ratio similar al ROE, que permite saber la capacidad de la empresa en generar dinero en base al capital que dispone.

Este indicador es muy usado por los analistas como medida para ver la capacidad de la empresa para generar ganancias.

35. ¿Qué diferencia hay entre el ROE y el ROCE?

Si comparamos el ROCE con el ROE podemos ver el impacto sobre la rentabilidad de la empresa que tiene el **efecto apalancamiento**, ya que con el ROCE incluímos el endeudamiento. El ROE considera los beneficios generados sobre el capital propio (las reservas se van acumulando en el patrimonio neto), pero el ROCE es la principal medida de eficiencia cuando una compañía utiliza todo el capital disponible para generar beneficios adicionales.

36. ¿Qué es 'Book Value'?

El valor en libros de un activo es el valor al que se lleva el activo en un balance y se calcula tomando el costo de un activo menos la depreciación acumulada . El valor contable es también el valor liquidativo de una empresa, calculado como activos totales menos activos intangibles (patentes, fondos de comercio) y pasivos . Para el desembolso inicial de una inversión, el valor en libros puede ser neto o bruto de gastos tales como costos de negociación, impuestos a las ventas , cargos por servicio , etc.

El valor en libros también se conoce como "valor contable neto (NBV)" y, en el Reino Unido, "valor neto de los activos".

Como valor contable de una empresa, el valor

contable tiene dos usos principales:

1. Sirve como el valor total de los activos de la compañía que teóricamente los accionistas recibirán si se liquidara una empresa.

2. Cuando se compara con el valor de mercado de la compañía, el valor en libros puede indicar si una acción tiene un precio bajo o excesivo.

En finanzas personales , el valor en libros de una inversión es el precio pagado por una inversión en seguridad o deuda. Cuando se vende una acción, el precio de venta menos el valor en libros es la ganancia (o pérdida) de capital de la inversión.

Las diferencias entre el precio de mercado y el valor de libro de las acciones de una empresa. Debido a las convenciones contables sobre el tratamiento de ciertos costos, el valor de mercado del capital generalmente es más alto que el valor contable de una empresa, produciendo una relación P / B superior a 1. Bajo ciertas circunstancias de dificultades financieras, bancarrota o esperas en la percepción de ganancias, la relación P / B de una empresa puede sumergirse por debajo de 1. Debido a que los principios contables no reconocen el valor de marca y otros activos intangibles, a menos que se deriven de adquisiciones, todos los costos asociados con la creación de activos intangibles se cargan a resultados inmediatamente. Por ejemplo, investigación y desarrollo (I + D) los costos deben ser llevados a gastos, reduciendo el valor contable de una empresa. Sin embargo, estos desembolsos de I + D pueden crear procesos de producción únicos para una empresa, o dar como resultado patentes que pueden hacer que los ingresos por regalías avancen. Si bien los principios de contabilidad favorecen un enfoque conservador en la capitalización de los costos, los participantes del mercado pueden elevar el precio de las acciones como resultado de tales esfuerzos de I + D, lo que resulta en grandes diferencias entre el mercado y el valor contable del capital.

37. ¿Qué es Costo Histórico?

El término valor contable se deriva de la práctica contable de registrar el valor del activo al costo histórico original en los libros. Si bien el valor en libros de un activo puede permanecer igual a lo largo del tiempo mediante mediciones contables, el valor en libros de una empresa colectivamente puede crecer a partir de la acumulación de ganancias, generadas a través del uso de activos. Dado que el valor en libros de una empresa representa el valor accionario, comparar el valor contable con el valor de mercado de las acciones puede servir como una técnica de valuación efectiva cuando se trata de decidir si las acciones tienen un precio justo.

38. ¿Qué es Valoración Mark-to-Market ?

Existen limitaciones en cuanto a la precisión del valor en libros del proxy para el valor del mercado de las acciones cuando la valoración de mercado no se aplica a los activos que pueden experimentar aumentos o disminuciones de sus valores de mercado a lo largo del tiempo. Por ejemplo, los bienes inmuebles propiedad de una empresa pueden ganar en valor de mercado a veces, mientras que su maquinaria vieja puede perder valor en el mercado debido a los avances tecnológicos. En estos casos, el valor contable al costo histórico distorsionaría un activo o el verdadero valor de una empresa, dado lo que realmente tiene un precio en el mercado.

39. ¿Qué es Relación Precio-Precio?

La relación precio por libro (P / B) como un múltiplo de valoración es útil para la comparación de valores entre compañías similares dentro de la misma industria o sector, cuando siguen un método de contabilidad uniforme para la valoración de activos. Es posible que la relación no sirva como una base de valuación válida cuando se comparan empresas de diferentes sectores e industrias, por lo que algunas empresas pueden registrar sus activos a costos históricos y otras marcan sus activos en el mercado. Como resultado, una alta relación P / B no sería necesariamente una valuación premium, y por el contrario, una baja relación P / B no sería automáticamente una valoración de descuento.

40. ¿Qué y cómo leer una tabla de cotización en la bolsa ?

Cualquier documento financiero tiene una cotización que se parecerá bastante a la imagen siguiente:

52W high	52W low	Stock	Ticker	Div	Yield %	P/E	Vol 00s	High	Low	Close	Net chg
$45.39	19.75	ResMed	RMD			52.5	3831	42.00	39.51	41.50	-1.90
11.63	3.55	Revlon A	REV				162	6.09	5.90	6.09	+0.12
77.25	55.13	RioTinto	RTP	2.30	3.2		168	72.75	71.84	72.74	+0.03
31.31	16.63	RitchieBr	RBA			20.9	15	24.49	24.29	24.49	-0.01
8.44	1.75	RiteAid	RAD				31028	4.50	4.20	4.31	+0.21
$38.63	18.81	RobtHalf	RHI			26.5	6517	27.15	26.50	26.50	+0.14
51.25	27.69	Rockwell	ROK	1.02	2.1	14.5	6412	47.99	47.00	47.54	+0.24

Column 1, Column 2, Column 3, Column 4, Column 5, Column 6, Column 7, Column 8, Column 9, Column 10, Column 11, Column 12

Columnas 1 y 2: cotización alta y baja de 52 semanas: estos son los precios más altos y más bajos a los que una acción ha cotizado en las últimas 52 semanas (un año). Esto normalmente no incluye la sesión bursátil del día anterior.

Columna 3: Nombre de la compañía y tipo de inventario: esta columna enumera el nombre de la compañía. Si no hay símbolos o letras especiales después del nombre, es una acción común. Diferentes símbolos implican diferentes clases de acciones. Por ejemplo, "pf" significa que las acciones son acciones preferidas.

Columna 4: Símbolo de clave – Este es el nombre alfabético único que identifica la acción. Si ve televisión financiera, ha visto que la cinta de teletipo se desplaza por la pantalla y cotiza los precios más recientes junto a este símbolo. Si busca cotizaciones bursátiles en línea, siempre busca una empresa con el símbolo de cotización. Si no sabe cuál es el ticker de una empresa en particular, puede buscarlo en nuestra página de mercados.

Columna 5: Dividendo por acción: indica el pago

anual de dividendos por acción. Si este espacio está en blanco, la compañía actualmente no paga dividendos.

Columna 6: Rentabilidad por dividendo - El porcentaje de retorno sobre el dividendo. Calculado como dividendos anuales por acción dividido por el precio por acción.

Columna 7: Relación precio / ganancias : se calcula dividiendo el precio actual de las acciones por las ganancias por acción de los últimos cuatro trimestres. Para obtener más detalles sobre cómo interpretar esto, consulte nuestro tutorial P / E Ratio .

Columna 8: Volumen de negociación: esta figura muestra el número total de acciones negociadas para el día, enumeradas en cientos. Para obtener el número real negociado, agregue "00" al final del numerado.

Columna 9 y 10: Día alto y bajo: indica el rango de precio al que se ha negociado durante el día. En otras palabras, estos son los precios máximos y mínimos que las personas han pagado por las acciones.

Columna 11: Cerrar: el cierre es el último precio de negociación registrado cuando el mercado cerró en el día. Si el precio de cierre sube o baja más del 5% que el cierre del día anterior, la lista completa de esa acción está en negrita. Tenga en cuenta que no está garantizado que obtenga este precio si compra las existencias al día siguiente porque el precio cambia constantemente (incluso después de que el intercambio se cierre durante el día). El cierre es simplemente un indicador del rendimiento pasado y, salvo en circunstancias extremas, sirve como un estadio de lo que debería pagar.

Columna 12: Cambio neto: este es el cambio en el valor en dólares del precio de las acciones con respecto al precio de cierre del día anterior. Cuando escuchas que una acción está "lista para el día", significa que el cambio neto fue positivo.

Cotizaciones en Internet
Hoy en día, es mucho más conveniente para la mayoría obtener cotizaciones de acciones en Internet. Este método es superior porque la mayoría de los sitios se actualizan momento a momento y brindan más información, noticias, gráficos, investigaciones, etc.

Para obtener cotizaciones, simplemente ingrese el símbolo de cotización en el cuadro de símbolos de cualquier sitio financiero importante como Yahoo! Finanzas, CBS Marketwatch o MSN Money, Google finanzas, etc. El siguiente ejemplo muestra una cotización para Microsoft (MSFT) de Yahoo Finance. La interpretación de los datos es exactamente la misma que con el periódico.

Apple Inc. (AAPL)
NasdaqGS - NasdaqGS Precio en tiempo real. Divisa en USD
☆ Añadir a la lista de favoritos

186,15 +0,65 (+0,35 %)
A partir del 1:10PM EDT. Mercado abierto.

Resumen | Gráfico | Conversaciones | Estadísticas | Perfil | Financieros | Opciones | Accionistas | Datos históricos

Cierre anterior	185,5000	Capitalización de mercado	915,184B
Abrir	186,2900	Beta	1,15
Oferta	186,10 x 800	Ratio precio/beneficio (TMTM)	18,01
Precio de compra	186,10 x 800	BPA (TTM):	10,34
Rango diario	185,94 - 187,18	Fecha de beneficios	30 jul. 2018 - 3 ago. 2018
Intervalo de 52 semanas	142,4100 - 194,2000	Previsión de rentabilidad y dividendo	2,92 (1,59%)
Volumen	8.351.242	Fecha de exdividendo	2018-05-11
Media Volumen	28.539.256	Objetivo est 1a	200,06

1D 5D 1M 6M YTD 1Y 5Y Max Pantalla completa

Capítulo 4
Conjuntos Bursátiles.

---

41. ¿Qué es un índice Bursátil.?

Un índice de bolsa es un promedio calculado de precios de acciones seleccionadas que representan un mercado o un sector concreto.

Puede pensarse en un índice como en una 'cesta' de acciones que proporciona una amplia muestra de una industria, sector o economía nacional. El rendimiento colectivo de estas acciones proporciona una buena indicación de las tendencias en el mercado

global que representan.

Además de permitir que los inversores hagan un seguimiento de los cambios en el valor de un mercado de acciones, los índices también proporcionan un punto de referencia útil para medir el éxito de medios de inversión tales como fondos y carteras de acciones.

42. ¿Que índices debo conocer?

Existe un índice prácticamente para cada sector imaginable de la economía y del mercado de acciones. Algunos se conocen como 'índices mayores', como el Dow Jones Industrial Average, el FTSE 100, el S&P 500 o el Nikkei 225.

Los índices principales los proporcionan empresas financieras líderes. Por ejemplo, el FTSE 100 es propiedad de la Bolsa de Londres y del Financial Times, mientras que el S&P 500 está operado por el peso pesado financiero de Standard & Poor's.

El índice Dow Jones es uno de los más conocidos y tiene más de 100 años, es seguido de cerca por los inversores por ser de gran influencia y generador de opinión bursátil.

Los índices mayores proporcionan la mejor forma de evaluar el rendimiento de una industria, de un sector o de todo el mercado de acciones de un país.

43.   ¿ Qué tipos de Índices hay?

Índices mundiales

Estos incluyen algunas de las mayores empresas mundiales. Por ejemplo, el índice MSCI World mide 1500 valores extraídos de cada uno de los mercados desarrollados del mundo (tal y como lo define el proveedor, MSCI). Con frecuencia, este índice se utiliza como un punto de referencia para fondos.

Índices nacionales

Estos índices muestran el rendimiento del mercado de renta variable de un país concreto, reflejando las opiniones de los inversores sobre las acciones incluidas en ese mercado. Por ejemplo, el FTSE 100 representa las 100 (o aproximadamente 100) mayores empresas del Reino Unido tal y como se incluyen en la Bolsa de Londres (LSE). En España el Ibex 35 es el índice bursátil de referencia para la economía nacional y reúne los principales valores del mercado bursátil español. En México el IPC, en Argentina el Merval, en Brasil el Bovespa etc.

Índices sectoriales

Estos son índices más especializados, diseñados para hacer el seguimiento del rendimiento de sectores o industrias específicas. El índice

Morgan Stanley Biotech, por ejemplo, hace un seguimiento de 36 empresas estadounidenses de la industria biotecnológica.

Otros índices

Además de índices de acciones, hay indicadores bursátiles para los demás mercados financieros que afectan a la economía. Entre ellos se incluyen;

- Índices de materias primas El 'Continuous Commodity Index' incluye 17 futuros de materias primas que se equilibran continuamente.
- Índices de sentimiento de mercado
- El 'CBOE (VIX) Index' mide las expectativas de volatilidad en el corto plazo. Las

medidas se derivan de los precios de las acciones del S&P 500.

44. ¿Qué es el dólar Index?

El 'US Dollar Index' (índice del dólar de EEUU) mide el valor del dólar sobre otras divisas extranjeras. Es un promedio ponderado, que compara el valor del Dólar Americano de EEUU, contra 6 divisas de países desarrollados. (GBP, JPY, AUD,CAD,EUR,CHF).

45. ¿Porque aumenta el Dólar? Índice de desconfianza.

En muchos países el valor comparativo entre la divisa local y el Dólar Americano es una medida de la marcha de la economía y las finanzas.

Existen varias fuentes por las cuales la divisa americana aumenta indicaremos las 3 principales.
1. Pérdida de valor de la moneda local. La emisión de deuda o circulante por parte del Estado, producen por efectos de la ley de oferta y demanda que los inversores y el público en general pierdan la preferencia por el billete local.
2. Desequilibrios de la balanza comercial: Cuando un país requiere de mayor cantidad de dólares para incorporar bienes y servicios a su economía de los que dicha economía genera en el intercambio con otros países, el precio del dólar vs la moneda local tienda a aumentar.
3. Expectativas decrecientes del Mercado: Si la tasa de inversión en la economía real decrece, en proporción decrece la liquidez

de dólares en la plaza, en detrimento del valor de la moneda local. Ergo Aumenta el dólar se deprecia la moneda local.

46. ¿Que es un Índice Ponderado y por Capitalización?

Índices de precio ponderado

El precio de cada acción es el único factor que determina el valor del índice. El valor total del índice se calcula añadiendo el precio de cada acción y dividiendo el resultado entre el número total de acciones.

Por tanto, las acciones de precio más alto conllevan un peso mayor, ejerciendo una mayor influencia sobre el rendimiento del índice.
Un ejemplo de índice de precio ponderado es el Dow Jones Industrial Average.

Índices de capitalización ponderada

El precio de cada acción se pondera dependiendo de su capitalización de mercado. Así, las empresas más grandes poseen una mayor ponderación. El valor total del índice se calcula sumando la capitalización de mercado de cada acción y dividiéndola entre el número total de acciones.
Esto significa que los sectores que contienen compañías muy grandes, tales como los sectores

minero y bancario, influyen considerablemente sobre sus índices nacionales.

El índice FTSE 100 es un ejemplo de índice de capitalización ponderada.

47.   ¿Que es un Índice Compuesto?

Una serie de acciones, índices y otras variables se agrupan juntas y se estandarizan para proporcionar una medida estadística del rendimiento global de un mercado o sector a lo largo del tiempo. Estos proporcionan un punto de referencia con el que medir la cartera de un inversor. Los índices compuestos pueden ser de precio ponderado o de capitalización ponderada: el término 'compuesto' simplemente define cómo se generan los contenidos.

El NASDAQ Composite es un ejemplo de índice compuesto.

48.   ¿Que es un Beta?

El indicador Beta mide la volatilidad de un activo financiero en relación con el índice al que pertenece comparando las oscilaciones que haya podido registrar. De esta forma, se puede observar cómo responde un determinado título a las variaciones de la cotización de la Bolsa y así definir si dichas oscilaciones han tenido una mayor o menor amplitud que el índice al que pertenece.

Si la Beta está referenciada a un Fondo, medirá la sensibilidad de su valor liquidativo con respecto al índice de referencia indicando así la exposición al mercado que está asumiendo el gestor.

La Beta puede adquirir varios valores para indicar que el precio del activo varía en la misma o diferente dirección que el índice de referencia. Si su valor es igual a 1, indica que el activo se mueve igual que su referencia. Si su valor es mayor que 1, implica que el activo es más volátil que la referencia asumiendo mayor riesgo con respecto a los movimientos del Mercado. Y, si el valor es inferior a 1, el activo es menos volátil que la referencia y su riesgo será menor.

49.   ¿ Que es un Alfa?

El indicador Alfa es una referencia que se debe de interpretar junto a la Beta y juntas nos indicarán si es recomendable o no entrar en un activo ante poniéndonos a los riesgos que puedan contraer.

Por lo tanto, el Alfa, al ser un valor numérico (diferencia de rentabilidad del valor respecto a su índice de referencia), indica y cuantifica la rentabilidad adicional que obtiene una determinada cesta de activos con respecto al índice de referencia analizando, de paso, la evolución bursátil de dicho activo.

Si el Alfa es positiva indica que el activo ha obtenido un rendimiento superior al del índice. Si es negativa, la evolución del valor será peor que la del selectivo.

Con respecto a los fondos, el Alfa sirve para juzgar si un gestor está aportando valor o no.

Es decir, la rentabilidad del fondo vendrá dada por dos conceptos: por un lado, la revalorización del propio Mercado y, por el otro, la rentabilidad que se le atribuye al gestor. La comisión de gestión le añade valor positivo al Alfa. Si el Fondo en cuestión replica un índice poco o nada tiene que ver el Alfa en este caso.

Capítulo 5
Sistema Financiero

50.¿ Que es el sistema Financiero?

Un sistema financiero es el conjunto de instituciones, medio y mercados, que tiene como objetivo el de canalizar el ahorro de las personas , que permite el desarrollo de la actividad econ#mica producir consumir y haciendo que los fondos lleguen desde las personas que tienen recursos monetarios excedentes hacia las personas que necesitan estos recursos los intermediarios financieros crediticios se encargan de captar depósitos del público para prestarlos a los demandantes de recursos.

El sistema está compuesto por las entidades financieras que son:

Banco Central, Bancos Comerciales y Mayoristas , Cajas de Ahorro, Cooperativas y demás entidades Financieras.

Por otro lado también las bolsas de Comercio cómo mercados financieros son el mecanismo o lugar a través del cual se produce un intercambio de activos financieros y se determinan sus precios. El sistema no exige, en principio, la existencia de un espacio físico concreto en el que se realizan los intercambios. El contacto entre los agentes que operan en estos mercados puede establecerse de diversas formas telemáticas, telefónicamente, mediante mecanismos de subasta o por internet. Tampoco es relevante si el precio se determina como consecuencia de una oferta o demanda conocida y puntual para cada tipo de activos. Funciones son:

Ponen en contacto a los agentes. económicos que intervienen o participan en el mercado, como por ejemplo los ahorradores o inversores, con los intermediarios financieros, logrando que ambos se beneficien.
    Fijación de los precios.

Proporcionan liquidez a los activos. Reducen los plazos y costes de intermediación.

51. ¿ Que es el sistema Bancario?

Sistema Bancario es. El Conjunto de instituciones Financieras de una economía que ayudan a conectar el ahorro y la inversión.

Está integrado por las entidades de depósito: Bancos, Financieras, las cooperativas de crédito y cajas especiales. La característica fundamental de estas instituciones al es tener como principal fuente la financiación la obtención de depósitos transferibles, procedentes principalmente del sector privado.

Realizan inversiones y captación de recursos por

cuenta propia e intermedian la gran mayoría de las transacciones financieras. Dicho en otras palabras: canalizan el ahorro que generan fundamentalmente las familias (unidades de gasto con superávit de ahorro), hacia otras familias y principalmente a las empresas (prestatarios o unidades de gasto con déficit de ahorro).

También conforman el Sistema Financiero los **organismos o instituciones que supervisan** el cumplimiento de las leyes redactadas por los parlamentos, así como de las normas emitidas por los propios reguladores del sistema financiero. Estas normas tienen por finalidad asegurar el buen funcionamiento de los mercados financieros, y al conjunto de ellas se le llama regulación financiera. Para el cumplimiento de sus objetivos pueden imponer sanciones (por ejemplo, una **Comisión del Mercado de Valores** puede suspender la cotización de un valor bursátil si se realizan actos no permitidos en el intercambio de ese valor).

52.¿ Que es un Banco Central?

Un banco central es una institución pública que gestiona la moneda de un país o grupo de países y controla la oferta monetaria, es decir, la cantidad de dinero que está en circulación. El objetivo principal de muchos bancos centrales es la estabilidad de precios. En algunos países, los bancos centrales tienen también la obligación legal de apoyar el pleno empleo.

53.¿ Que hace un Banco Central?

Uno de los instrumentos principales de los bancos centrales es la fijación de los tipos de interés —el «costo del dinero»— como parte de su política monetaria. Un banco central no es un banco comercial. Los ciudadanos no pueden abrir cuentas ni solicitar préstamos al banco central y, en tanto que organismo público, no tiene ánimo de lucro.

Actúa como banco para los bancos comerciales e influye así en el flujo de dinero y crédito que llega a la economía para conseguir precios estables. Los bancos comerciales pueden acudir al banco central para pedir prestado, generalmente para cubrir necesidades a muy corto plazo. Para pedir préstamos al banco central tienen que entregar colateral —activos como bonos públicos o valores de renta fija privada que tienen un valor y que actúan como garantía de que devolverán el dinero—.

Puesto que los bancos comerciales pueden prestar dinero a largo plazo frente a depósitos a corto plazo, pueden afrontar problemas de liquidez, una situación en la que tienen el dinero para pagar una deuda pero no la capacidad para convertirlo en efectivo con rapidez. En estas situaciones los bancos centrales pueden actuar de «prestamistas de última instancia», lo que contribuye a mantener la estabilidad del sistema financiero. Los bancos centrales pueden tener una amplia gama de tareas además de la política monetaria. Por lo general, emiten billetes y monedas, aseguran el buen funcionamiento de los sistemas de pago para los bancos y los instrumentos financieros negociados, gestionan las reservas en moneda extranjera e informan al público sobre la economía. Muchos bancos centrales contribuyen asimismo a la estabilidad del sistema financiero mediante la supervisión de los bancos comerciales a fin de asegurar que los prestamistas no están asumiendo riesgos excesivos.

54.¿ Qué son los Agregados Monetarios?

Son aquellos instrumentos financieros que puedan considerarse como dinero y que, por ello, deban computarse a la hora de establecer el volumen de activos líquidos del sistema y los mecanismos de control de la masa monetaria por parte de los Bancos Centrales. Constituye la suma total de dinero en circulación dentro de una economía, e incluye además a productos de deuda con alto grado de liquidez.

Efectivo en manos del público (Lm): monedas y billetes de curso legal en manos del público.
M1 (estrecho): efectivo en manos del público + depósitos a la vista en las entidades de crédito. excluidas las administraciones centrales, en entidades emisoras. A la M1 se le denomina también Oferta Monetaria.
M2: M1 + depósitos de ahorro en entidades de créditos. Incluye los depósitos a plazo de hasta dos años y los depósitos disponibles con preaviso de hasta tres meses.
M3 (amplio): M2 + depósitos a plazo y otros pasivos bancarios. En estos últimos, las cesiones temporales

de dinero, las participaciones en fondos del mercado monetario y los valores que no sean acciones y tengan una vida no superior a dos años.

Capítulo 6

Costo del Dinero.

---

55.   ¿Que es el interés?

El interés se puede definir como el pago por el arrendamiento del dinero. Siendo así, en finanzas, es un índice que se utiliza para medir la rentabilidad del ahorro, la rentabilidad de una inversión o, por ejemplo, calcular el costo de un préstamo.

El interés se encuentra ligado a la historia del propio dinero y a los bancos después. Ya en la Biblia encontramos reminiscencias en, por ejemplo, *"la parábola de los talentos"* de Mateo. Sin embargo, en la Edad Media, la religión cristiana veía como un pecado (la usura) el préstamo con intereses justificando el hecho de que se creaba dinero desde la nada, por el simple hecho de prestarlo.. En el Renacimiento, se consideraba como "justa compensación" por el beneficio que obtenía el prestamista. Y, hoy, el interés se establece como algo legal y, además, está regularizado.

56. ¿Que son el interés Simple y el Compuesto?

En este caso los intereses que se generan en un periodo de tiempo no se agregan al capital para el cálculo de los intereses del siguiente periodo.

Su fórmula es la siguiente:

*Interés simple = Capital * i * n*

siendo "*i*" el interés nominal en tanto por uno (al expresarse habitualmente en tanto por ciento basta con dividir entre 100 para pasar a tanto por uno) y "*n*" el número de periodos.

La operación inversa al *interés simple* es el *descuento simple* que tiene mucha utilidad cuando invertimos en deuda pública o en pagarés, por comentar alguno de sus usos.

En el interés Compuesto, los intereses se acumulan al capital para producir conjuntamente nuevos intereses al final de cada periodo de tiempo.

Algo mágico debe de tener el interés compuesto que el propio Albert Einstein, que de tonto tenía lo justo, lo consideraba como *"la octava maravilla del mundo" al ser la fuerza más poderosa del Universo"*. Y algo de cierto debe de tener porque la base de todas las inversiones se basa en dejar que el tiempo haga crecer nuestros ahorros de manera exponencial reinvirtiendo lo ganado.

Su fórmula es la siguiente:

Interés compuesto = Capital * [(1 + i) ^{n} - 1]

siendo "*i*" el interés nominal en tanto por uno y "*n*" el número de periodos.

57. ¿Qué es tasa activa y pasiva?

- - - - !

Tasa activa o de colocación

Es la tasa de interés que reciben los intermediarios financieros de los demandantes por los préstamos otorgados. Es decir, la que te cobra el banco por el dinero que te presta.

Tasa pasiva o de captación

Es la tasa de interés que pagan los intermediarios financieros a los oferentes de recursos por el dinero captado. Es decir, la que te paga el banco por tus depósitos.

58. ¿Qué pago al tomar un crédito?

Los gastos de otorgamiento del crédito son un componente de las tasas activas, que paga el usuario del crédito, por los costos administrativos y de investigación de su solvencia, en que incurre el intermediario para otorgar el crédito. En ocasiones, estos gastos se pagan aparte, ya sea en la apertura del contrato o se distribuyen entre las amortizaciones pactadas.

Importante es el componente representado por el riesgo de incumplimiento, que se calcula con base en una variable aleatoria y la distribución de la probabilidad de que el usuario no cumpla con el pago del crédito pactado. Una vez estimada la probabilidad de incumplimiento sobre un conjunto de créditos otorgados, el intermediario, al conocer el monto de capital prestado, infiere el monto de dicho capital que puede tomarse incobrable. Dicho monto se aplica a los créditos recuperables en la forma de una tasa adicional, y se aumenta a la tasa activa. De esta forma, el intermediario garantiza, en condiciones normales, la recuperación del capital prestado, en beneficio propio y de los ahorristas . A través de este procedimiento, los propios usuarios del crédito que cumplen, pagan por los que fallan.

Los costos económicos de operación de los intermediarios deben absorberse por los usuarios del crédito a través de su adición, en términos porcentuales, a la tasa activa. Estos costos están representados por los gastos administrativos (sueldos y salarios), gastos de capital y utilidades normales del sistema financiero.

En resumen, la tasa activa de interés es una función:

- del costo porcentual promedio de captación.
- de los gastos por otorgamiento del crédito,
- del riesgo de incumplimiento y
- de los costos de la intermediación.

La relación funcional de la tasa activa con respecto a cada factor es positiva, lo que indica que si aumenta alguna de ellas, la tasa activa aumenta en cierta proporción.

Tasa pasiva de interés es la que representa el rendimiento que el intermediario paga a los propietarios del capital o fondos que se están prestando. Tasa activa de interés es la que representa el rendimiento que el usuario del crédito paga al intermediario por la utilización de los fondos. Esto nos lleva a reconocer que la tasa pasiva y la tasa activa, si bien están muy relacionadas, no son iguales. La diferencia está representada tanto por los costos de la intermediación, como por los riesgos que involucran las operaciones de crédito.

Los intermediarios financieros, que llevan a cabo la función de canalizar el ahorro del público a los usuarios del crédito, están interesados en contar con un flujo constante y suficiente de recursos monetarios, para llevar a cabo eficientemente su labor de intermediación. De este proceso depende que el ahorro corriente de la sociedad se canalice a la inversión productiva, y al sostenimiento de un nivel adecuado de demanda agregada, al promover así la estabilidad y el crecimiento de la economía.

Por tal razón, los intermediarios financieros deben ofrecer al público ahorrista una tasa de interés pasiva que le resulte atractiva en términos pecuniarios. Esto significa que, además del servicio de custodia de los fondos del público, el sistema financiero debe garantizar al ahorrista una tasa pasiva que lo compense por la falta de liquidez, así como por la pérdida de poder adquisitivo, que potencialmente enfrenta su capital durante el tiempo que éste se encuentre en poder del intermediario. Esta pérdida tiene su origen tanto en la inflación, como en la depreciación cambiaria que puede ocurrir durante el período transcurrido antes del vencimiento del depósito, título o bono que garantiza la custodia. Adicionalmente, el público ahorrador espera un premio que estimule su abstinencia de consumir, premio que depende del plazo y del riesgo de mercado que involucre la operación. Dentro de la gama de posibilidades que el sistema financiero ofrece al ahorrador, existe gran número de opciones que están libres de este riesgo de mercado o riesgo bursátil.

Otro factor que deben tomar en cuenta los intermediarios para fijar las tasas pasivas que ofrecen a los ahorradores, por las distintas opciones de inversión financiera, son las tasas de interés pasivas que pagan los mercados financieros de otros países por inversiones equivalentes. En ausencia de controles cambiarios, e incertidumbre por tipos de cambio, los ahorristas pueden ser atraídos por instituciones fuera de las fronteras nacionales para hacer inversiones de cartera. Esta fuga de capitales resulta particularmente importante cuando en un ambiente de altas expectativas inflacionarias e incertidumbre cambiaria, los ahorradores encuentran que sus ahorros están mejor protegidos en una institución extranjera que en una doméstica.

En resumen, los determinantes de la tasa de interés pasiva son:

1. la tasa esperada de inflación,
2. la tasa esperada de depreciación cambiaria,
3. las tasas de interés que pagan instituciones financieras de otros países,
4. los factores financieros asociados a cada operación y
5. el premio al ahorrador.

A su vez, los dos primeros factores dependen de las condiciones generales de la economía y de las expectativas del público frente a ellas. El tercero depende de la situación económica de otros países: El cuarto depende tanto de riesgo de mercado o bursátil de cada inversión, como del plazo de vencimiento (que afecta la tasa a través de éste y los demás factores). El quinto depende de otras condiciones y es denominado tasa libre de riesgo.

La tasa activa, siempre es mayor, porque la diferencia entre las dos es la que le permite al intermediario financiero cubrir sus costos administrativos, dejando además una utilidad. Esa diferencia entre la tasa activa y la tasa pasiva constituye el margen de intermediación del banco.

El intermediario financiero obtiene su tasa activa tomando como base la tasa pasiva, sus gastos operativos, su renta esperada, el encaje promedio del sistema (lo que debe tener depositado en el banco central), más los componentes inflacionarios y de riesgo propios de la economía.

Tasa activa = Tasa pasiva + Gastos operativos + Ganancia + Encaje promedio del sistema + Componente inflacionario + Componente de riesgo

La diferencia entre las dos tasas refleja la eficiencia del sistema financiero, la capacidad de pago de los deudores y, en cierta forma, de la confianza en el comportamiento de la economía. Si la tasa activa crece mucho, la inversión cae, puesto que el financiamiento de la inversión es muy caro y no conviene invertir. Si la tasa pasiva baja mucho, los ahorradores pierden interés y prefieren consumir a ahorrar. En consecuencia, si el diferencial de tasas (tasa activa - tasa pasiva) es muy grande, no habrá ahorro ni inversión, lo que provoca un serio desajuste, puesto que estas dos variables tienen una relación muy cercana con el superávit comercial y el déficit gubernamental.

Cuando se habla de créditos internacionales se tiene que la tasa activa está compuesta por el costo de los fondos (bonos del tesoro Americano + Riesgo País + Riesgo de Devaluación) más el riesgo propio del préstamo (riesgo de default por parte de la empresa + riesgo de liquidez, producto de una inesperada extracción de depósitos + costos administrativos del banco para conceder créditos).

Puede escribirse como:

i(**Activa**'t-bill + Riesgo devaluación + Riesgo país + otros tipos de riesgo.

59.   ¿Que es la Amortización?

Se denomina así a la forma en que se devuelve una deuda (capital e intereses). Existen distintos sistemas de amortización que se diferencian entre ellos por la rapidez con que devuelven el capital.

Sistema Francés: suele ser el más utilizado en el sistema financiero. El monto de las cuotas es igual en cada período. La amortización del capital es creciente, por lo tanto, en cada cuota se va pagando menos interés.
Sistema Alemán: en cada cuota, se paga una fracción fija del capital, por lo tanto los intereses son decrecientes, como así también el monto total de la cuota.
Sistema Americano: en cada cuota se paga solamente interés, mientras que el capital es amortizado íntegramente en la última cuota.

Capítulo 7

Anomalías de las Inversiones

---

60.   ¿Que es una burbuja financiera?

Se conoce como Burbuja Financiera a un crecimiento intempestivo del precio de un activo desacoplado con la demanda real del mercado. Los precios de un activo suben luego de un periodo de pasividad, en forma descontrolada , es un fenómeno especulativo que tiene 3 etapas bien definidas.

La primera se la conoce como **sustitución** donde existe la convicción que el activo sustituyente se constituirá como el único o el más valioso que otros con los que compite.

La segunda etapa o fase Expansiva es donde reina un desmesurado optimismo e irracionalidad en la compra del activo burbuja.

Tercera etapa de Confrontación, donde deja de sostenerse la creciente demanda del activo y se inicia el temor con las primeras ventas que hacen perder al menos 1/3 , del valor , lo que evoluciona en pánico, dando comienzo a una estampida vendedora.

Historia de las Burbujas: La Tulipomanía

La Tulipomanía se le conoce como la crisis de los tulipanes. Fue un periodo de euforia especulativa, como se le llama a este tipo de episodios. Como si se tratase de oro, hubo una época donde la gente especulaba con los tulipanes como si se tratase de oro.El tulipán, de origen turco, llega a Europa en 1554. Toma su nombre del turco *tülbent* (turbante) debido a la forma de sus pétalos que semejan un turbante. Debido a la prosperidad económica de la época y a la moda, se creó un comercio especulativo entorno al tulipán. Las clases nobles fueron coleccionando los. El precio variaba mucho dependiendo del color de la floración llevándose a vender casas representativas, campos, granjas y fincas por un solo bulbo.

El mercado de tulipanes entró a comercializarse en la Bolsa de Valores lo que provocó que dejase de ser un producto de temporada a negociarse todo el año. ¿Cómo? Muy sencillo. Se negociaban los precios de los bulbos antes de su floración que, además, era indefinida. Eso se puede decir que fue el primer paso para la creación del Mercado de Futuros. Como saben, uno de los Mercados más importantes y más líquidos de la actualidad.

De repente, algo estaba cambiando. Los productos hortícolas están condicionados a las inclemencias atmosféricas y en 1637 estas no vinieron según se esperaban, empezando a desconfiar los inversores de las producciones y las inversiones que se habían realizado por ellas. Las órdenes de venta comenzaron a aparecer provocando el estallido de la ya conocida "burbuja de los tulipanes". Fue el comienzo de la siembra del pánico.

En un mercado donde todos quieren vender y nadie comprar rápidamente el valor de los tulipanes (cualquier activo), llegó a cero.

Burbujas financieras famosas

- La crisis Financiera de la Bolsa de 1929/30.
- La burbuja del Mississippi
- La Crisis de 2007/2008 Inmobiliaria de EEUU, los créditos Sub Prime.
- La burbuja de las Punto Com 2000.

☒ El Caso Madoff y miles de estafas de crecimiento apócrifo o piramidal de las inversiones de un fondo.

- - - - !

61.   ¿Que es un esquema Ponzi?

El nombre del esquema proviene de Carlo Ponzi, un famoso delincuente de origen italiano que estafó a inversores hacia 1920 en Boston, Massachusetts, prometiendo elevadísimos beneficios por comprar cupones postales extranjeros a bajo precio, que se supone luego venderán más caros en Estados Unidos. De este modo, Ponzi pasó de ser empleado a prominente "empresario" en muy poco tiempo. Sin embargo, su insostenible sistema terminó colapsando pronto, lo que le valió permanecer por varios años en la cárcel. Murió arruinado en un hospital de caridad de Río de Janeiro en 1949.

En cada país existe sin duda, un resonado caso de estafa colectiva, por esquema Ponzi, el sistema es similar donde, por medio de argucias mal intencionadas se embauca a inversores apelando a rasgos relacionados a la ludopatía y a la falta de sentido común extrema. Pagando altos intereses primero, que en realidad se solventan con el reclutamiento de nuevos inversores y así hasta caer por completo el "castillo de naipes" perjudicando a miles.

Las características son similares a la de la burbuja:

Ganancias extraordinarias y desproporcionadas que instalan la idea de sustitución de otras alternativas.

Una Fase expansiva con eventos patrocinados, y presencia en medios.

Posterior retirada de los inversores que repongan capital y de nuevos reclutados, y caída final del esquema con pérdidas para los aportantes de capital.

62. ¿Que es un esquema Piramidal?

El esquema piramidal o estafa piramidal es un sistema de negocios en el cual los participantes recomiendan y captan a más clientes con el objetivo de que los nuevos participantes produzcan beneficios a los participantes originales.

Aquí la diferencia con otros esquemas del tipo Ponzi, es que los participantes tienen que captar a más empresarios (dadores de capital), porque de los nuevos se van a nutrir las ganancias de los anteriores. También es lógico que se le denomine pirámide ya que cada vez se necesitan más inversores para poder pagar los beneficios.

Si llega un momento en el que no hay suficientes inversores nuevos entonces el sistema colapsará porque no se podrán pagar los beneficios que se han prometido. Y es aquí donde los últimos en colocar su capital con la expectativa de ganancia prometida por el sistema, pierden todo su dinero.

Hay que decir que, pese a ser claramente una engaño, no es ilegal en muchos países. En algunos sólo es una situación no tipificada.

63. ¿Que es la fuga de capitales?

Esta es otra situacion anomala que linda entre consecuencias no queridas de una política monetaria y defraudaciones al erario público.

Consiste en la compra de activos en moneda extranjera , normalmente dólares americanos, que se obtiene a cambio de la moneda local, ante el temor, o en algunos casos por el dato obtenido fraudulentamente de una devaluación por parte del Banco Central, o corrida organizada del tipo de cambio.

Sin embargo la desconfianza en ciertas políticas fiscales y monetarias, es la causa principal de este fenómeno. En cuanto a las consecuencias que produce son diversas: afecta directamente al PIB nacional, reduce la reserva de capital en el sistema bancario, un alza en los tipos de interés y un retroceso en la inversión privada.

Estos efectos negativos sobre la economía de un

país crean la necesidad de regular la fuga de capitales como práctica dolosa .

64. ¿Que es el lavado de dinero?

El concepto de lavado de dinero es ampliamente usado en el mercado financiero para denominar a aquella operación que implican la transformación de los fondos y activos que fueran obtenidos a partir de actividades ilegales en lícitos para así poder circular sin ningún tipo de problema en el sistema financiero que corresponda. También el concepto suele aparecer denominado como lavado de capitales, blanqueo de capitales y lavado de activos. Es entonces condición sine qua nom para que exista lavado de dinero la comisión de un acto delictivo grave del cual resultaron bienes o dinero, por ejemplo, cobro de coimas, venta de drogas, entre otros. En tanto, ese monto de dinero que proviene de un ilícito , será introducido en el sistema financiero a través de diversas maniobras que permitirán su utilización y justificación.

Capítulo 8
Cómo Invertir.

---

65. ¿Se puede predecir el futuro de los precios?

Es curioso, pero cualquier entrevista a un analista por los medios de comunicación siempre incluye la misma pregunta:

¿Qué pasará con la Bolsa? o ¿Que con el Dólar? , ¿Qué sucederá con el los precios de tal o cual bien o activo ?

El analista, si es profesional, contesta retóricamente, refiriéndose a las causas más que a los efectos, pues, si da una respuesta de evolución, sabe de sobra que tiene que dar explicaciones en el caso. Si acierta, siempre puede decir que ya lo había dicho antes y será un sabio. Pero, de estos, hay muy pocos. Será un necio el que quiera ganarse a los inversores prediciendo la evolución de un valor a largo plazo.

¿Sabemos el clima que tendremos, por ejemplo, el día de nuestro cumpleaños el año que viene? : No ciertamente. Por esta razón, no es que esté en contra, pero personalmente no suelo seguir a los analistas futurólogos. La única información cierta que tiene el inversor es el pasado que, por cierto son los datos del precio, fiables pero aún así, no nos pueden asegurar ciento por ciento, la evolución futura de los activos bajo examen.

66. ¿Que es la probabilidad de ganancia?

Nadie puede poner en dudas que la probabilidad de obtener beneficios con una entrada en el mercado, **sin usar ningún tipo de estrategia** es de un 50% de acierto. De la misma forma, nadie puede poner en dudas que nuestro beneficio vendrá dado por la cantidad de aciertos que hayamos tenido en nuestras inversiones ya cerradas, con la particularidad de que la obtención de esos beneficios tendrán que ser mayores que las pérdidas pues está claro que si no es así, las cuentas no salen ya que el importe promedio de las ganancias y pérdidas deberá ser siempre positivo.

En resumen, se trata de controlar lo que estamos dispuestos a perder pues lo que realmente es incontrolable, a priori, es la probabilidad de aciertos.

67. ¿Que es el análisis Fundamental?

El Análisis fundamental en el mercado financiero es un método que define el valor que debería tener las acciones en el mercado, analizando la información que reflejan las noticias macroeconómicas, microeconómicas o del sector donde pertenece el activo referenciado, en las acciones por ejemplo: los estados contables y financieros de la empresa, la gestión, la proyección a futuro, entre otros.

El valor fundamental que determina el análisis se compara con el valor del mercado y se obtienen distintas respuestas, por ejemplo: cuando el valor Fundamental es inferior al valor del mercado, se asume que el valor de la acción en el mercado está infravalorado y se espera un incremento en su cotización, siendo una buena oportunidad de compra en este momento.

El análisis fundamental es otra perspectiva al análisis técnico. Normalmente ambos enfoques se combinan ya que el análisis Fundamental es bueno para responder a la pregunta ¿Qué? mientras que el análisis técnico responde a la pregunta ¿Cuándo?

68. ¿Que es el análisis Técnico?

El análisis técnico es un método que se utiliza en el mercado de activos financieros, para predecir qué valor tomará una instrumento en base a los movimientos históricos en su cotización. Este es un análisis muy utilizado por inversores especulativos, ya que buscan identificar las tendencias alcistas o bajistas para tomar decisiones. En este análisis se utilizan como herramientas indicadores técnicos tales como MACD, Oscilador estocástico y RSI.

A diferencia del análisis fundamental, el análisis técnico considera que los factores económicos, políticos, sociales y especulativos ya están representados en el precio, por eso se concentra el análisis en las tendencia de los precios **presente en los gráficos.**

69. ¿Que es el Paseo Aleatorio?

Según la teoría del paseo aleatorio, ni la información del pasado e inclusive la del presente puede ayudarnos a predecir cuál será el valor o precio de un activo, ya que no hay evidencia empírica que pueda demostrar la relación entre los antecedentes y el consecuente de una forma certera. Por lo qué todos los precios fluctúan sin una relación de causalidad ni patrón determinado.

El principal exponente y creador de esta teoría es Burton Malkiel quien en su libro " Un Paseo por Wall Street", exhibe esta conjetura:

La historia de los precios no puede ayudarnos a determinar el precio futuro tal como indica el análisis técnico. Por otra parte la selección eficiente de la cartera de inversiones qué pueda recomendar el análisis fundamental tampoco tiene mejores rendimientos que una diversificación normal de riesgos, o la estrategia comprar y mantener.

Evidentemente esta teoría solo se sostiene en la dificultad de buscar vínculos y relaciones causales entre los eventos y los precios o entre los ciclos de los activos y cómo unos dependen de otros en la cadena de precios. **Ello no indica que dichos vínculos y relaciones no existan.**

70. ¿Qué hacer para ganar?

Hayamos elegido el sistema fundamental de análisis, el técnico o un sistema mixto, hay que aislar los patrones que el mercado o los inversores han replicado en el pasado, vinculandolo a las circunstancias del presente y formular **una hipótesis** .

Dicha hipótesis deberá contener un desarrollo o proyección de precios probable fundado en los antecedentes, y la información actual, y también debe predicar una hipótesis contraria donde finalizar la vigencia de la primera. Si no fuese así en la más de las veces una sola pérdida puede enmendar las ganancias obtenidas con muchas incursiones ganadoras.

Muchas veces comprar y sostener tal como reza uno de los principios del mercado accionario, no contempla la pérdida de oportunidad o el disvalor en qué muchas empresas incurren con el tiempo. Vale para esto entender qué empresas qué en el pasado fueron muy robustas y que por décadas estuvieron brindando beneficios, hoy luego de la crisis del 2007 no se han recuperado, ejemplo los gigantes Ford Motors y CitiBank entre otros.

Capítulo 9
Principios Básicos del inversor.

---

71. ¿Qué principios básicos debo conocer?

Charles Henry Dow, a quien el índice accionario, más famoso le debe su nombre, planteó una serie de principios que permiten entender el comportamiento de los mercados. Actualmente muchos de estos conceptos han sufrido adecuaciones o modificaciones por muchos analistas, sin embargo, resulta de vital importancia para cualquier inversor conocer lo que se entiende es el ABC del análisis técnico financiero, sobre todo cuando estos conceptos siguen tan vigentes como hace 100 años, lo que los convierte en una guia inevitable a la hora de tomar decisiones cómo inversionista.

Estos principios son los siguientes:

1. El precio lo descuenta todo: Los precios de los activos y de los índices reflejan toda la información disponible en el mercado. Por lo que toda la información disponible ya fue recepcionada y valorada por los inversores.

2. Los mercados se mueven en tendencias. Las mismas pueden desmembrarse en tres tendencias,

la tendencia primaria, secundaria y menor: Las tendencias son series de picos que le dan dirección a un mercado, bien sea alcista o bajista.

    a. Tendencia primaria o de largo plazo: Son series de picos en una dirección que pueden durar por espacio de seis meses, un año o más.

    b. Tendencia secundaria o de mediano plazo: Esta tendencia puede durar de tres semanas a seis meses.

    c. Tendencia menor o de corto plazo: Tienen una duración de menos de tres semanas.

Cada tendencia es una parte de la tendencia inmediatamente mayor, de este modo, la tendencia menor está dentro de la tendencia intermedia y la tendencia intermedia a su vez está dentro de la tendencia principal.

Las tres tendencias

3.　Las tendencias primarias siguen tres fases en su evolución: en una tendencia alcista se dice que hay una primera fase que es la fase de acumulación o compra de inversionistas institucionales, la segunda fase es la de compra del público general conocida como consolidación o tendencia, y se termina con la fase de distribución, donde lo inversionistas institucionales venden en medio de las compras de los inversionistas menos experimentados.

Fases de la tendencia

La tendencia bajista inicia en la fase de distribución, seguida de la venta del público y termina con pánico donde de nuevo compran los inversionistas institucionales y venden los menos experimentados. Esta etapa final podría convertirse en una nueva etapa de acumulación.

4. Principio de Confirmación: Los diferentes índices bursátiles deben confirmar las tendencias alcistas o bajistas, Dow usaba el índice Dow jones industrial y el índice Dow jones de transportes, si los dos índices estaban en la misma dirección la tendencia se confirma, pero si uno va al alza y otro a la baja se podría anticipar un cambio de tendencia, este fue el primer acercamiento al concepto de divergencia.

5. El volumen confirma la tendencia: el volumen de negociación debe subir cuando el precio se mueve en la dirección la tendencia y es bajo cuando el precio va en contra. En tendencia alcista los movimientos de ascenso deberán tener mayor volumen que los movimientos de caída o corrección. Una caída con alto

volumen puede significar tendencia bajista en la cual los ascensos o rebotes suelen ser con bajo volumen.

6. Una tendencia se mantiene vigente hasta el momento en que se confirme la presencia de otra tendencia con dirección opuesta: cuando se evidencia un cambio de tendencia en los precios de cierre, el mercado podría avanzar en otra dirección. Por ejemplo, si estamos en tendencia alcista se puede dar paso a una tendencia lateral o bajista y viceversa.

72. ¿Que son Órdenes de mercado y órdenes de límite ?

Una orden de mercado es simplemente una instrucción que se envía al corredor (o plataforma de negociación en línea) para comprar o vender acciones al mejor precio disponible. Si desea comprar 100 acciones de AAPL en el mercado, y la cita muestra: Oferta: $ 139.80 (100), Oferta: $ 140.00 (50), Último: $ 139.95 (250). Esto nos dice que la última operación fue de 250 acciones a $ 139.50 e indica que 50 acciones se

ofrecen a $ 140.00. Supongamos que otras 200 se ofrecen a $ 140.05. Su orden de mercado compraría las 50 acciones a $ 140.00 y luego compraría 50 más al siguiente mejor precio a $ 140.05.

Una orden de mercado no garantiza el precio que obtendrá, pero sí garantiza que obtendrá la cantidad de acciones que desea, en este caso 100. Cuando se completa una orden, se dice que se completa. Una orden de mercado se usa con mayor frecuencia en los casos en que el comprador o el vendedor está más interesado en completar el tamaño del pedido y no se preocupa por el precio. Una orden de límite especifica el precio al que desea negociar. Por ejemplo, puede especificar que desea comprar AAPL por $ 140.00 pero no más, en cuyo caso compraría las 50 acciones ofrecidas a $ 140.00 y luego esperaría a que otro vendedor reduzca su precio. Hasta que eso suceda, la nueva cotización sería Oferta: $ 140.00 (50), Oferta: $ 140.05 (200), Última: $ 140.00 (50).

Una orden de límite también se puede designar todo o nada (AON) , lo que significa que no aceptará comprar sus acciones a menos que pueda obtener las 100 que desea. Si la orden de límite original en este ejemplo fuera AON, no compraría los 50 que se ofrecen hasta que otros 50 aparezcan. Los pedidos limitados son utilizados por aquellos que se preocupan principalmente por el precio que desean recibir, pero no se les garantiza que se llene el tamaño de su pedido. El precio en comparación con el tamaño de su pedido es la principal compensación entre el mercado y las órdenes de límite.

73. ¿Que es un Margen Trading y Short Selling?

Muchos Brokers o empresas corredoras de bolsa, ofrecen operaciones de margen, lo que les permite a sus clientes pedir dinero prestado para comprar acciones que excedan la cantidad de efectivo en su cuenta. El margen también permite las ventas en corto, que es cuando un participante del mercado toma prestado acciones que no posee para venderlas con la esperanza de volver a comprarlas en el futuro a un precio inferior. Un vendedor en corto está apostando a que el precio de una acción disminuirá, en lugar de subir.

Además de utilizar una corredora, existen dos formas menos comunes de poseer acciones: planes de reinversión de dividendos (DRIP) y planes de inversión directa (DIP). Los DIP son planes por los cuales las compañías individuales, por un costo mínimo, les permiten a los accionistas comprar acciones directamente de la compañía. Los DRIP son cuando los dividendos pagados por acciones se utilizan automáticamente para comprar más de esas acciones (incluidas las fracciones de una acción).

74. ¿Que es un Stop de Pérdidas?

Limitación de pérdidas ("stop loss") Con el fin de atenuar las pérdidas, numerosos proveedores , y plataformas de inversión hoy brindan la oportunidad de optar por fijar determinados límites a las inversiones ("stop loss"). Tales mecanismos dan lugar al cierre automático de su posición cuando alcanza un determinado límite de precio a elección. Existen ciertas circunstancias en las que tales límites son ineficaces, como, por ejemplo, cuando se producen rápidos deslices de precios muy abruptos , o al cierre de las sesiones semanales de bolsas o mercados de futuros o cdfs. Estos límites no siempre podrán proteger de las pérdidas.

75. ¿Que es una estrategia de Inversión?

Una estrategia de inversión consiste en un proceso de análisis y ejecución de las órdenes de mercado. Las estrategias varían acorde al activo elegido, estilo del inversor , plazo y disponibilidad de recursos.

Entiendo que no hay una única forma exitosa de operar en el mercado sino más bien un modo eficiente que se adapte al inversor para que este último pueda tomar acción en el mundo de las inversiones.

Seleccionamos algunas características y modelos de estrategias:

76. ¿Que es una inversión de valor?

Este sistema es muy utilizado por los grandes inversores, como los fondos de capital riesgo. También es utilizado por los bancos de negocios para valorar empresas en operaciones como fusiones, OPA's, OPV's, etc. Básicamente trata de determinar la calidad y la cantidad de los recursos de una empresa, así como su potencial de generación de riqueza a largo plazo utilizando esos recursos. Intenta

valorar el negocio de la empresa, no el precio futuro de sus acciones en el mercado de valores. Ignora los factores macroeconómicos como PIB, tipos de interés, etc. Podría decirse que trata de determinar el valor que tendría la empresa si alguien lanzara una OPA sobre ella. Cuando se controla el 100% de una empresa se tienen muchas más opciones de las que tiene un inversor minoritario, como decidir la redistribución de los activos de la empresa, fusionarla con otras, dividirla en varias empresas más pequeñas, cambiar la actividad de la empresa, etc. La prima de control sobre el precio de mercado que se paga al realizar una OPA se debe a todas estas razones.
Un pequeño inversor también puede utilizar este estilo de inversión. Para ello es necesario tener conocimientos del negocio de la empresa, contabilidad, legislación, etc. El objetivo es tener una cartera formada por empresas de alta calidad y bien financiadas, compradas a un

precio barato desde el punto de vista fundamental. Las posiciones normalmente se mantienen durante muchos años. Suele venderse en caso de que los fundamentales de la empresa sufran un perjuicio permanente, se reciba una OPA o la empresa esté sobrevalorada, aunque la inversión de valor es mejor detectando empresas infravaloradas que sobrevaloradas. Resumiendo mucho se podría decir que la inversión de valor busca comprar empresas por bastante menos dinero del que valen y esperar a que el mercado les reconozca ese valor. Para ello hay que distinguir perfectamente entre valor y precio. El inversor más conocido a nivel mundial de los que siguen este estilo de inversión es Warren Buffet.

77. ¿Que es una inversión rentada ?

El objetivo principal del inversor es la obtención de una renta estable que aumenta a

ritmos superiores a la inflación para ganar poder adquisitivo. Este tipo de inversión es bastante parecida a la de inversión de valor pero ambas tienen sus diferencias. Ambos estilos de inversión estudian el balance y la cuenta de resultados de las empresas y buscan comprar empresas cuyo precio esté por debajo de su valor.
Una de las diferencias es que la inversión de valor da preferencia al balance y la obtención de rentas da preferencia a la cuenta de resultados. Es decir, la inversión de valor se fija más en el valor presente de la empresa y la obtención de rentas se centra más en la capacidad de esa empresa para aumentar su beneficio por acción (BPA) y su dividendo en el futuro. Esto no quiere decir que la obtención de rentas no tenga en consideración el valor presente de la empresa ni que la inversión de valor ignore la capacidad de la empresa de incrementar sus beneficios y dividendos en el

futuro.

Otra de las diferencias, derivada de la anterior, es que la inversión de valor tiene como objetivo principal la revalorización del capital, mientras que la obtención de rentas tiene como objetivo principal el aumento de dicha renta con la mayor solidez y estabilidad posible. Por descontado que la inversión de valor cree preferible que las rentas aumenten a que no lo hagan y que la obtención de rentas desea que su capital se revalorice, pero lo que en uno de los estilos es el objetivo principal en el otro es el objetivo secundario, y viceversa.

La inversión de valor puede invertir en empresas que no repartan dividendo. La obtención de rentas, por razones obvias, siempre busca empresas que repartan dividendo. El aumento de los beneficios y dividendos de una empresa por un lado y el aumento de la cotización de sus acciones por el otro van de la mano en el muy largo plazo, pero no siempre lo hacen en el corto y medio plazo. Si una empresa aumenta sus beneficios y dividendos año tras año la cotización lo acabará reflejando antes o después, aunque a veces tarda años en hacerlo. En la obtención de rentas no hay que mirar sólo al pasado de la empresa, sino que también hay que valorar la capacidad que tiene dicha empresa para continuar aumentando sus beneficios y dividendos en el futuro. Una empresa con una rentabilidad por dividendo muy alta en el presente pero con unas perspectivas poco claras sobre su futuro no es apta para este tipo de inversión.

78. ¿Que es una inversión intradía?

Las transacciones intradía se refieren a generar ordenes de entrada y salida del mercado varias

veces en un mismo día. Generalmente los inversores utilizan plataformas con derivados o CDFs , que permiten ejecuciones sin latencias, y en microsegundos. Esta estrategia puede ser rentable y requiere ser muy rápido mientras que se puede poner en práctica en cualquier momento. Los traders que realizan transacciones dentro de un mismo día (intradía) tratan de obtener un gran número de pequeñas ganancias explotando la volatilidad diaria del mercado forex. Estos inversores intradía entran y salen del mercado muchas veces durante el mismo día.
Hay muy poco riesgo en transacciones intradía debido a que éstas involucran posiciones mantenidas sólo por un lapso pequeño de tiempo. Sin embargo una de las desventajas en este tipo de estrategias es que las ganancias obtenidas en cada una de estas transacciones son

relativamente pequeñas.
Este tipo de inversores a veces denominado traders, generalmente no tienen una opinión formada acerca de la tendencia subyacente de una determinado activo. Únicamente saben que hay volatilidad y que pueden explotarla. Estrategias Intradiarias en base a rangos preestablecidos.
La clave para las transacciones intradía radica en identificar un mercado aparentemente dormido, un mercado que está buscando dirección y que mientras oscila. En ausencia de noticias o flujos importantes, generalmente fluctúa en un rango propicio .

Estrategias Intradiarias, en base a sucesos programados "Noticias":
Del otro lado, están los traders que realizan

transacciones dentro del día pero que desean enterarse de las noticias. Los movimientos más grandes y lucrativos en divisas vienen junto con las noticias y sucesos económicos. Cada día, los distintos países publican datos económicos, tales como el empleo, la inflación y las ventas al por menor entre otros. Estos datos con frecuencia determinan la dirección de una divisa durante ese día.
Los datos económicos son difíciles de predecir, pero con buena investigación y sentido común para el mercado, se puede a veces obtener una gran ventaja. Identificar una tendencia en el mercado es una excelente manera de operar con datos económicos. Con frecuencia, una activo puede ser más vulnerable a un anuncio del que no se esperaba gran repercusión, que a uno del que sí se la esperaba.

Una buena estrategia de transacciones intradía que es difícil de poner en práctica es operar rápidamente con datos económicos. Estos son publicados al mismo tiempo para todos en el mercados. Pero aún así, hay traders que utilizan programas denominados "Bots" que leen puntos de datos económicos y ejecutan transacciones instantáneamente.

79. ¿Que es una estrategia de Renta Fija?

En los países desarrollados, normalmente, los bonos de las grandes empresas dan una rentabilidad ligeramente superior a la de los bonos del Tesoro. La razón de esto es que el último en quebrar en un país es el Estado y por eso si las rentabilidades fueran exactamente iguales todo el mundo preferiría los bonos del Estado a los de las empresas. Habitualmente la diferencia es muy pequeña, de unas pocas centésimas o décimas porcentuales, porque el riesgo de quebrar de estas empresas es bajísimo.

(El mismo criterio se aplica a bonos de países emergentes o con una calificación de Investment Grade baja. Estos brindan rentabilidades superiores , aunque el riesgo de default es en algunos casos alto).
Volviendo al tema de las preferencias por bonos públicos o privados: invertir en bonos de las grandes empresas tiene una seguridad prácticamente similar a la del Estado y una rentabilidad ligeramente superior.
Si se invierte en una cartera muy diversificada de bonos de empresas, como sucede cuando se compran participaciones de un fondo de inversión o un ETF se podría considerar que, en la práctica, la seguridad es la misma que la del

Estado. La única posibilidad de perder la inversión sería que la mayoría de esas grandes empresas quebraran y no pudieran hacer frente a sus bonos, pero si eso sucediera lo más probable es que el Estado tampoco pudiera responder de su deuda porque, al fin y al cabo, el Estado responde única y exclusivamente con el dinero que quita a los ciudadanos y empresas de ese país y si todas las grandes empresas de un país quebraran la situación sería apocalíptica y el Estado no tendría a quién quitar el dinero para hacer frente a sus deudas.

80. ¿Qué es mejor: invertir por mi mismo o contratar un asesor?

Existen dos posibilidades a la hora de invertir, la primera de ellas es acudir al mercado gestionando nuestra propia inversión.

Podríamos formar una cesta con 4 o 5 valores que pueden variar en el tiempo llegando a conocer tras su seguimiento continuo sus resultados y expectativas centrándonos exclusivamente en ellos. Con estos cuatro o cinco valores y con un seguimiento de sus precios, volúmenes y la marcha de las compañías, el inversor puede comprar y vender, promediar sus operaciones y obtener ganancias.

Siempre contar con un curso inicial y las lecturas recomendadas que en un capítulo de esta obra se incluyen, es menester, ya que la formación y el proceso de mejora de los conocimientos **requiere para el caso tener algún conocimiento hombre !!!**

La otra posibilidad es acudir a un gestor profesional, o a través de los fondos de inversión. Existen varios tipos que pasamos a explicar.

Fondos de Renta Fija Mixta. El patrimonio se compone mayoritariamente de renta fija Bonos o Letras del tesoro, con un pequeño porcentaje de renta variable (compra de acciones).

Fondos de Renta Variable Mixta. Son fondos que invierten la mayor parte de su patrimonio en acciones negociadas en la bolsa y una pequeña parte en activos de renta fija.

Fondos de Renta Variable Pura. Invierten la totalidad del patrimonio en activos que están sujetas a oscilaciones en sus precios. Nunca olvidar que por mínimo que sea, siempre hay un riesgo de pérdidas en los mercados financieros.

81. ¿Qué es un 'Asesor de Inversiones?

Un asesor de inversiones es cualquier persona o grupo que hace recomendaciones de inversión o realiza análisis de valores a cambio de una tarifa. El asesor de inversiones puede ser definido como cualquier persona o física o jurídica, que hace recomendaciones de inversión o realiza análisis de valores a cambio de una tarifa, ya sea a través de la administración directa de los activos del cliente o mediante publicaciones escritas. Los asesores de inversión también se conocen como un " asesor financiero " y, alternativamente, se pueden denominar "asesor de inversiones" o " gestor financiero "

Los asesores de inversión trabajan como profesionales dentro de la industria financiera al proporcionar orientación a los clientes a cambio de tarifas específicas. A menudo, los asesores de inversión tienen un nivel de autoridad discrecional, lo que les permite actuar en nombre de sus clientes sin tener que obtener un permiso formal antes de ejecutar una acción. Sin embargo, la autoridad discrecional debe ser proporcionada formalmente por el cliente, y generalmente se organiza como parte del proceso de inicial de inversión .

Las compañías de fondos mutuos generalmente se incluyen en la definición de asesores de inversión, pero los corredores de bolsa no lo son porque reciben comisiones por comisiones y no compensaciones basadas en activos. La mayoría de los asesores de inversión cobran una tarifa fija por sus servicios o un porcentaje de los activos que se administran. En general, existen conflictos de intereses muy limitados entre los asesores de inversiones y sus clientes, ya que el asesor solo ganará más si la base de activos

de los clientes crece como resultado de las recomendaciones del asesor y la selección de valores.

Clientes de asesor de inversiones
La clasificación puede referirse a varios clientes utilizando los servicios del asesor de inversiones. Esto puede incluir inversores individuales y clientes corporativos. Además, los clientes pueden tener carteras de cualquier tamaño para calificar como clientes, siempre que se cumplan los requisitos mínimos establecidos

por el asesor de inversiones o la empresa de inversión asociada.

82. ¿Qué normas debe observar un Asesor de Inversiones ?

Normas comunes del Asesor de Inversiones: Conforme a las reglamentaciones vigentes en cada país, los asesores de inversión tienen prohibido difundir consejos engañosos o fraudulentos o actuar como principal en sus propias cuentas comprando y vendiendo valores entre ellos y un cliente sin el consentimiento previo por escrito . Pueden existir restricciones adicionales dependiendo del estado o país en el que se realizan las actividades.

En cada país donde se actúa hay normas específicas y organismos como las Comisiones Nacionales de Bolsa, que llevan registros públicos cuya obligatoriedad en muchos casos es difusa.

En Estados Unidos, por ejemplo a partir de 2018, los asesores de inversión o las empresas de inversión que operan dentro de los EE. UU. Con activos por un total de $ 100 millones o más deben registrarse en la Security Exchange Commision . Los asesores de inversión con cantidades menores de activos aún son elegibles para registrarse, pero solo se les exige que se registren a nivel estatal. Además, los registros relativos a los asesores de inversiones y las empresas asociadas también deben mantenerse en formato electrónico para facilitar las consultas sobre el estado de un inversor.

Los asesores de inversiones que no están obligados a registrarse en la SEC o en el estado en el que operan, como los que trabajan con fondos de capital riesgo, fondos de cobertura y otros fondos privados, "pueden" tener que presentar informes periódicos a los reguladores antes mencionados.

Capítulo 10

Nociones de Economía.

83.   ¿Que es un ciclo económico?

Fases del ciclo
El primer concepto que necesitamos saber es el de ciclo económico, la serie de fluctuaciones en el nivel de actividad económica. El momento y el grado de estas fluctuaciones son notoriamente impredecibles; sin embargo, hay un patrón que parece repetirse con estos giros.

Un ciclo comercial hipotético se compone de las siguientes fases:
Pico : la actividad económica está creciendo rápidamente y las instalaciones de producción están funcionando a plena capacidad.

Contracción (recesión, depresión) : el crecimiento económico se ralentiza o la economía se contrae; las ventas disminuyen y el desempleo aumenta. Esta fase sigue al pico. También hay diferentes clasificaciones de contracciones: Una recesión es una contracción en la que la producción interna bruta (explicada a continuación) disminuye durante dos trimestres consecutivos.

Una depresión es una recesión severa y prolongada.

Piso o Valle: la actividad económica está en su punto más bajo en el ciclo.

Recuperación : Ventas, niveles de empleo y otras medidas de recuperación de la actividad económica y eventualmente alcanzan un nuevo pico. Esta fase sigue al valle.

84. ¿Que es la teoría Keynesiana?

La teoría keynesiana es un producto de la Gran Depresión de la década de 1930 (no muy diferente de la mayoría de las leyes del Congreso que rigen los mercados financieros hoy dia). Fue la afirmación de John Maynard Keynes de que el **gasto agregado** , es decir, cuánto gasta una economía en bienes y servicios, es la clave de la estimulación económica.

Los keynesianos identifican cuatro componentes del gasto:

Consumo, el componente más importante, que se refiere a lo que gastan los consumidores;

Inversión , que se refiere a lo que las empresas gastan en aumentar la capacidad;

Compras del gobierno , es decir, lo que todos los niveles de gobierno compran al sector privado; y

Exportaciones netas , que es lo que vende la nación en el extranjero, menos lo que compra de otras naciones.

Debido a que la teoría keynesiana considera que

el gasto es el motor del crecimiento económico, los keynesianos consideran que los ahorros personales , sea lo que sea lo que un consumidor gana pero no gasta, son un lastre para la economía.

Este arrastre se mide como la propensión marginal a consumir (MPC), el consumo adicional de un aumento agregado en el pago dividido por ese aumento agregado en el pago. La fórmula es bastante simple:

$$MPC = \frac{Consumo\ Adicional}{Ingresos\ Adicionales}$$

Cuanto mayor es el MPC, menor es la tasa de ahorro.

Los keynesianos ven el consumo de una persona como el ingreso de otra persona, luego el de otra persona, luego el de otra persona. Como resultado, hay un multiplicador en funcionamiento que convierte cada dólar de gasto individual en más dólares de riqueza nacional.

El multiplicador es el cambio en el ingreso total dividido por el cambio que lo provocó. Después de todo el álgebra, se ve así:

$$\text{Multiplicador} = \frac{1}{1 - MPC}$$

Ejemplo:
Para trabajar con las matemáticas con un

ejemplo, supongamos que el país en su totalidad experimentó recientemente un crecimiento del 10% en los ingresos. Luego, los consumidores decidieron ahorrar el 10% de su nueva recompensa y gastar el otro 90%, así que por cada dólar nuevo, se ahorraron 10 centavos y se gastaron 90 centavos. El MPC sería de $ 0,90 dividido por $ 1,00 o 0.9. El multiplicador, entonces, sería 1 dividido por 0.1 (1 menos 0.9), o 10. Eso significa que por cada dólar adicional gastado en la economía, se crearon $ 10 de riqueza.

Si los negocios y los consumidores se vuelven pesimistas y eligen preservar en lugar de gastar su dinero, entonces la industria recortará la producción, habría menos producción y la economía entraría en contracción. El papel del gobierno, entonces, sería "preparar la bomba", es decir, gastar en nuevos bienes y servicios hasta que otros sectores de la economía pudieran o se mostraran menos reacios a hacerlo.

Los aficionados a la historia reconocerán esto como la piedra angular del "New Deal" de Franklin Roosevelt, que se acredita con el estímulo de una economía por lo demás moribunda durante la Gran Depresión.

85. ¿Que es la teoría Monetaria?

La teoría monetaria analiza el papel del dinero en el sistema macroeconómico en los términos de la demanda para el dinero, la fuente de dinero, y la tendencia natural del sistema económico de

ajustar a un punto que balancee la fuente y la demanda para el dinero, un punto que se llame equilibrio monetario. Un sector del sistema macroeconómico se concibe como el sector monetario, y el sector monetario tiene una tendencia natural a converger al equilibrio monetario.

Un fenómeno tal como es la inflación se puede atribuir a un exceso de la fuente de dinero concerniente a la demanda. Exceso de la fuente de dinero causa el valor del dinero, que se manifiesta como precios altos más elevados, haciendo qué cada unidad de dinero pueda comprar menos. Un desplome de la bolsa se puede atribuir a exceso de una demanda en relación con del dinero, haciendo a accionistas vender la acción para levantar volumen de dinero. Teóricamente, el sistema macroeconómico converge al equilibrio y una condición necesaria para el equilibrio macroeconómico es el equilibrio monetario.

La teoría monetaria asume generalmente como aproximación que la fuente u oferta de dinero es fijada por las autoridades monetarias, y se puede cambiar como sea necesario para el bienestar de la economía. La demanda de dinero, sin embargo, está fuera del control de los funcionarios y es una función de otras variables económicas, particularmente por la renta agregada, tipos de interés, el nivel de precios, e inflación.

86.   ¿Qué son los indicadores económicos?

Los economistas pasan gran parte de su tiempo tratando de analizar los ciclos de la economía y para ello se sirven de distintas mediciones del quehacer económico.
La medida más estrechamente asociada con el producto económico general de una nación o actividad económica es la producción interna bruta (PIB), el valor total de mercado de todos los bienes y servicios producidos dentro de las fronteras del país durante un período específico, generalmente un trimestre o un año. El PIB es uno de los indicadores económicos más importantes.

Otro informe importante es la tasa de desempleo, que mide el número de personas que buscan trabajo activamente como una proporción de la población laboralmente activa.
Otro indicador clave es el índice de precios al consumidor (IPC), que compara el costo de una amplia "canasta de mercado" de productos de consumo en un período reciente con el costo de los mismos artículos en un período anterior. El IPC es la medida clave de la inflación, un aumento continuo de los precios de los bienes y servicios que tiene el efecto de reducir el poder adquisitivo de la moneda de una nación.

Falta agregar uno de los más importantes indicadores indirectos qué es la **tasa de interés** que fijan los Bancos Centrales, y qué expresa el estado de expansión o retracción de la demanda de dinero. Una economía en retracción exigirá una política de tasas bajas para lograr su recuperación y en una economía en plena expansión se preferirán tasas más altas para evitar la inflación.

87. ¿Qué efectos producen los indicadores económicos en los mercados financieros?

Estos indicadores tienen profundos efectos en los mercados de valores: En el mercado de bonos, por ejemplo, a medida que aumenta la inflación, aumentan las tasas de interés. Las tasas de interés aumentan a medida que los precios de los bonos disminuyen En una economía sana, los bonos a más largo plazo tienen tasas de interés más altas que los bonos a corto plazo; sin embargo, a medida que la economía experimenta una contracción, la curva de rendimiento se invierte y cuesta más pedir prestado durante la noche que tomarlo prestado en 10 años.

En el mercado de acciones, algunas acciones son sensibles a las tasas de interés; es decir, a mayor tasa de interés, menor será el desplome de los precios de sus acciones. Los bienes raíces y los prestamistas hipotecarios son especialmente afectados. Las empresas de servicios públicos, que reflejan el mercado de bonos con altos dividendos que actúan como pagos de cupones, también bajan de precio cuando las tasas de interés suben.

El mercado de valores en general es alérgico a las altas tasas de interés por una muy buena razón: suponga que durante una expansión saludable espera que su cartera de bonos rinda un 4% y su cartera de acciones gane un 10% entre dividendos y una apreciación del precio de las acciones. Esa diferencia está bien, porque sus bonos son mucho menos riesgosos que las acciones. Ahora viene la contracción y las tasas de interés, es decir, sus bonos, son repentinamente del 6%, mientras que sus acciones sólo están devolviendo el 7%. ¿Por qué asumir los riesgos de la propiedad de acciones en lugar de la deuda por esa insignificante diferencia? En tales situaciones, el dinero de las plazas financieras , fluye de las acciones a los bonos.

a este proceder se lo denomina disminución del **apetito de riesgo.**

Capítulo 11
Calificación crediticia.

---

88. ¿Qué es la calificación crediticia ?

La calificación crediticia es una puntuación que otorgan las agencias de rating a los créditos o deudas de diferentes empresas, Gobiernos o personas, según su calidad crediticia (que mide la probabilidad de que esos créditos sean impagados).

La calificación de créditos se hace en base al historial crediticio de una persona física o jurídica y sobre todo la capacidad para devolver la financiación. Esta capacidad se hace en base a la analítica de todos los pasivos y activos.

También denominado rate, o rating, esta operación consiste en valorar, ya sea para información interna o como método de análisis de créditos de terceros comprometidos, la calidad de la deuda tomada por un prestatario, en base a la capacidad para generar flujos financieros, beneficios, volumen de deuda y crecimiento a medio o largo plazo en el caso de un país.

Por lo tanto, es un concepto muy relacionado con las emisiones de deuda, que pueden ser calificadas indicando la seguridad de pagos sobre esa emisión, o también puede ser objetivo de calificación el emisor de la deuda en cuanto a institución. Para los emisores, también es un factor que influye en la posibilidad de colocar las emisiones y en el coste o servicio de la deuda.

89. ¿Qué hacen las Agencias de Calificación?

Agencias de calificación como Fitch, Moody´s o Standard & Poor´s han cobrado visibilidad e importancia en los últimos años. Sus calificaciones suelen distinguirse mediante unas siglas de letras o de letras y números, donde cada nota refleja un escenario y situación de la institución. Comenzando desde la máxima nota (AAA).

Veamos los Rankings:

Moody's	Standard & Poor's	Fitch	Solvencia crediticia

Aaa	AAA	AAA	Un deudor tiene una EXTREMADAMENTE FUERTE capacidad para cumplir sus compromisos financieros.
Aa1	AA +	AA +	Un deudor tiene MUY FUERTE capacidad para cumplir sus compromisos financieros. Difiere de los deudores de mayor calificación solo en un pequeño grado.
Aa2	Automóvil club británico	Automóvil club británico	
Aa3	AA-	AA-	
A1	A +	A +	Un deudor tiene una FUERTE capacidad para cumplir sus compromisos financieros, pero es algo más susceptible a los efectos adversos de los cambios en las circunstancias y las condiciones económicas que los deudores en las categorías de mayor calificación.
A2	UN	UN	
A3	A-	A-	
Baa1	BBB +	BBB +	Un deudor tiene una CAPACIDAD ADECUADA para cumplir sus compromisos financieros. Sin embargo, es más probable que las condiciones económicas adversas o las circunstancias cambiantes den lugar a una capacidad debilitada del deudor para
Baa2	BBB	BBB	

Baa3	BBB-	BBB-	cumplir sus compromisos financieros.
Ba1	BB +	BB +	Un deudor es MENOS VULNERABLE en el corto plazo que otros deudores de menor calificación. Sin embargo, enfrenta grandes incertidumbres continuas y exposición a condiciones comerciales, financieras o económicas adversas que podrían conducir a la capacidad inadecuada del deudor para cumplir con sus compromisos financieros.
Ba2	cama y desayuno	cama y desayuno	
Ba3	BB-	BB-	
B1	B +	B +	Un deudor es MÁS VULNERABLE que los deudores calificados con 'BB', pero el deudor actualmente tiene la capacidad de cumplir con sus compromisos financieros. Las condiciones comerciales, financieras o económicas adversas probablemente perjudicarán la capacidad o disposición del deudor para cumplir sus compromisos financieros.
B2	segundo	segundo	
B3	B-	B-	

Caa	CCC	CCC	Un deudor es ACTUALMENTE VULNERABLE y depende de las condiciones comerciales, financieras y económicas favorables para cumplir con sus compromisos financieros.
California	CC	CC	Un deudor ACTUALMENTE ES ALTAMENTE VULNERABLE.
	do	do	El deudor ACTUALMENTE ES ALTAMENTE VULNERABLE a la falta de pago. Puede usarse cuando se ha presentado una solicitud de bancarrota.
do	re	re	Un deudor no ha podido pagar una o más de sus obligaciones financieras (calificadas o no) cuando vencieron.
e, p	pr	Esperado	Las calificaciones preliminares se pueden asignar a las obligaciones pendientes de recibir la documentación final y las opiniones legales. La calificación final puede diferir de la calificación preliminar.

WR			Calificación retirada por razones que incluyen: vencimiento de la deuda, llamadas, puts, conversiones, etc., o razones comerciales (por ejemplo, cambio en el tamaño de una emisión de deuda) o el incumplimiento del emisor. [3]
No solicitado	No solicitado		Esta calificación fue iniciada por la agencia calificadora y no solicitada por el emisor.
	Dakota del Sur	RD	Esta calificación se asigna cuando la agencia considera que el deudor ha incumplido de manera selectiva una emisión o clase específica de obligaciones, pero continuará cumpliendo sus obligaciones de pago en otros asuntos o clases de obligaciones de manera oportuna.
NR	NR	NR	No se ha solicitado ninguna calificación, o no hay información suficiente para basar una calificación.

90. ¿Qué es un Bono IG Investment Grade?

Un bono se considera grado de inversión o IG si su calificación crediticia es BBB- o más alta por Standard & Poor's o Baa3 o más alta por Moody's. En general, son bonos que la agencia de calificación juzga como lo suficientemente confiables como para cumplir con las obligaciones de pago y que los bancos puedan invertir en ellos.

Las calificaciones juegan un papel crítico al determinar cuánto tienen que pagar las compañías y otras entidades que emiten deuda, incluidos los gobiernos soberanos, para acceder a los mercados de crédito, es decir, la cantidad de intereses que pagan por su deuda emitida. El umbral entre las calificaciones de grado de inversión y de grado especulativo tiene importantes implicaciones de mercado para los costos de endeudamiento de los emisores.

	LARGO PLAZO		
MOODY'S	STANDAR & POORS	FITCH IBCA	
AAA	AAA	AAA	
Aa1	AA+	AA+	
Aa2	AA+	AA+	
Aa3	AA-	AA-	
A1	A+	A+	
A2	A	A	
A3	A-	A-	
Baa1	BBB+	BBB+	
Baa2	BBB	BBB	
Baa3	BBB-	BBB-	
Ba1	BB+	BB+	
Ba2	BB	BB	
Ba3	BB-	BB-	
B3	B+	B+	
B2	B	B	
B1	B-	B-	
Caa	CCC	CCC	
Ca	CC	CC	
C	C	C	
C	D	D	

	CORTO PLAZO		
MOODY'S	STANDAR & POORS	FITCH IBCA	
PRIME 1	A1	F1	
		F2+	
PRIME 2	A2	F2	
		F2-	
		F3+	
PRIME 3	A3	F3	
		F3-	
		B+	
	B	B	
		B-	
NOT PRIME	C	C+	
	D	C+	
	SD	C-	
	R	D	

Los bonos que no están calificados como bonos de grado de inversión se conocen como bonos de alto rendimiento o más conocidos como: **bonos basura** .

Los riesgos asociados con los bonos de grado de inversión (o deuda corporativa de grado de inversión) se consideran significativamente más altos que los asociados con los bonos del gobierno de primera clase. La diferencia entre las tasas de los bonos del gobierno de primera clase y los bonos de grado de inversión se llama spread de grado de inversión. El rango de este diferencial es un indicador de la creencia del mercado en la estabilidad de la economía. Cuanto más altos son estos diferenciales (o primas de riesgo) de grado de inversión , más débil se considera la economía.

91. ¿Qué es el Riesgo País y qué implica?

El riesgo país es un índice que destaca la posibilidad de que se produzca un contratiempo, o perjuicio en una inversión económica debido **sólo** a factores específicos y comunes a un **cierto país**. Puede entenderse como un riesgo promedio de las inversiones realizadas en ese país. Mide el tono político, clima económico, seguridad pública, etc. (Si hay alguna guerra, si hay seguridad jurídica, tipos de impuestos, etc. el índice lo refleja).

El riesgo país se entiende que está relacionado

con la eventualidad de que un estado soberano se vea imposibilitado o incapacitado de **cumplir** con sus obligaciones con algún agente o inversor extranjero, por razones fuera de los riesgos usuales que surgen de cualquier relación crediticia.

JP Morgan, el banco de Inversiones, mide el **EMBI**, de su sigla en inglés (Emerging Markets Bonds Index o Indicador de Bonos de Mercados Emergentes), el cálculo se realiza comparando el riesgo de repago de los Instrumentos de un país contra los Bonos a 30 años del Tesoro de Estados Unidos, que se consideran riesgo cero. Es un indicador poco profundo pero su uso ha sido estandarizado para la selección de un activo que emita un Estado Soberano.

---

92. ¿Qué implica el Riesgo País?

Así cuanto más alto sea el índice de Riesgo País, mayor será la probabilidad de que esos compromisos al vencimientos no puedan ser cumplidos, por el emisor del bono o deuda.

Se estima que el riesgo país también es un indicador de a qué tasa los inversores le otorgaran créditos tomando como base la tasa del Bono del tesoro americano a 10 años , con más el riesgo país sobre 100.

$$\text{Bono T10 Años} + \frac{R\ P}{100}$$

Ejemplo de cálculo:
Buscaremos en la tabla de RP puntos por país y , tomaremos el ejemplo de Turquía 413% y una tasa del bono del tesoro EU a 2,5%.

T10 = 2,5% + RP(413/100)= 4,13%
2,5% + 4,13% = Tasa Bonos Turquía tenderán a 6,63% anual.

PAIS	PUNTOS	% Dia	% Mes	% Año
EMBI+	393	1,03%	1,55%	19,45%
EMBI+ ARGENTINA	503	3,29%	-4,01%	43,30%
EMBI+ BRASIL	332	0,61%	8,14%	38,33%
EMBI+ COLOMBIA	205	-0,49%	-0,49%	17,82%
EMBI+ CROACIA	146	-2,67%	-9,88%	46,00%
EMBI+ ECUADOR	685	2,24%	2,09%	49,24%
EMBI+ FILIPINAS	121	0,00%	-4,72%	19,80%
EMBI+ MALASIA	146	0,00%	1,39%	35,19%
EMBI+ EGIPTO	461	2,22%	6,96%	17,30%
EMBI+ MEXICO	228	0,00%	4,59%	20,63%
EMBI+ INDONESIA	192	0,00%	0,52%	22,29%
EMBI+ PANAMA	147	2,08%	-2,00%	31,25%
EMBI+ PERU	140	0,72%	-2,10%	26,13%
EMBI+ POLONIA	66	-2,94%	-20,48%	46,67%
EMBI+ RUSIA	228	2,24%	3,17%	28,09%
EMBI+ SUDAFRICA	262	2,75%	4,80%	19,09%
EMBI+ TURQUIA	413	1,98%	6,44%	43,40%
EMBI+ UCRANIA	524	2,75%	5,01%	21,30%
EMBI+ URUGUAY	197	1,03%	0,00%	34,93%
EMBI+ VENEZUELA	4604	2,79%	0,85%	-5,15%

Capítulo 12
Sistemas de Inversión.

---

93. ¿Qué sistema me garantiza ganancias?

Hay un sistema elegible para cada inversor y este debe contemplar la propia tolerancia al riesgo, el capital disponible y el plazo de indisponibilidad del capital.

Hay sistemas discrecionales, automaticos y semiautomaticos

94. ¿Qué es un sistema discrecional de inversión?

Discrecional en nuestra materia significa analizar y buscar puntos de entrada, colocando la decisión en manos del inversor, al momento del ingreso al mercado.

Sin dudas la mayoría de nosotros al comenzar a invertir nos acercaremos al mundo de las finanzas de esta manera, y no está mal. La duda siempre reside en la parte más débil de los sistemas qué es precisamente, la influencia emocional en cada toma de decisión y si el conjunto de decisiones puede tomarse respetando objetivamente el sistema planteado.

95. ¿ Qué es un sistema automático o algorítmico de inversión?

Aquí es donde debemos establecer la diferencia entre las dos formas de operar, que reside en que el trader discrecional analiza el mercado, busca señales para entrar en una operación, y cuando las encuentra toma sus decisiones.

Por el contrario el inversor sistemático prefiere no tomar el mismo sus decisiones. El trading automatizado, busca patrones, los analiza, pero los automatiza en la fase de colocación de órdenes mediante programas dentro de las plataformas de inversión. El trading mediante algoritmos que son capaces de enviar órdenes al mercado sin necesidad de que el trader intervenga en la decisión hoy es utilizado por un grupo muy grande de inversores institucionales y no institucionales. El trader algorítmico trata de evitar el nivel de incertidumbre que asume el discrecional. Una de las trampas en las que se puede caer en un trading sistemático es el intentar mejorar su curva de rendimientos permanentemente, buscando pulir y pulir un sistema , **el sistema óptimo es aquel que puede adaptarse a los cambios del**

mercado, y eso se alcanza adicionando una buena gestión monetaria, que pasa por no perder en una operación lo ganado en varias.

96. ¿Qué es la esperanza matemática?

Toda vez que buscamos un sistema adecuado, debemos poner énfasis en la etapa de comprobación estadística, y si bien esta denominación aparece cómo enorme para quien recién comienza es simplemente hacer un muestreo de los últimos ensayos antes de comenzar a intervenir con una cuenta real.

Todos las plataformas de inversión proveen la posibilidad de recorrer el pasado de un activo determinado, y en este caso poder representar cómo hubiesen resultado, nuestros posicionamientos en mercado utilizando un esquema para colocar nuestras operaciones. Es un test sobre los datos históricos.

De dicha información podemos deducir la cantidad de operaciones realizadas en un lapso temporal, las ganancias probables versus las pérdidas aceptables. Diseñando también el tamaño de las posiciones y el riesgo tolerable, que nos brinde comodidad hacia el futuro.

La confianza del inversor sobre sus estrategias haciéndolas ejecutables, dependerá de lo que este estudio retrospectivo arroje. Por lo que la esperanza matemática es la factibilidad estadística de acierto en n# cantidad de oportunidades futuras.

Capítulo 12

Información necesaria.

97.   ¿ Que sitios webs debo seguir para estar informado?

Tras la revolución de Internet, los inversores tienen a su disposición una enorme cantidad de webs gratuitas y de pago con datos sobre cualquier acción cotizada en el planeta y en tiempo real. Claro que no todos son fiables. Sin embargo hay una base y esta es una selección . Las mejores webs de gráficos y análisis técnico y fundamental que es indispensable tener a la vista inicialmente es **Bloomberg y/o Reuters.** También recomiendo las siguientes webs gratuitas de las que he contrastado su fiabilidad comparando los datos ofrecidos con los de los sitios antes citados .

Yahoo finance: Es una de las TOP. La página estrella en yahoo finance para mi es "key statistics" donde en una sola página se obtiene prácticamente toda la información que necesitas saber de una empresa. Especialmente potente es el primer y segundo dato. "Market cap" o capitalización en bolsa y justo debajo "enterprise value" o "valor empresa" (capitalización más deudas menos caja) , los dividendos, posiciones "short", los "insiders" en la compañía, las medias móviles, la beta, el volumen de contratación medio diario, el free float, el payout o incluso cuando acaba el año fiscal en esa empresa. .Es sorprendente la amplitud de datos en toda la red de Yahoo Finance por países.

Morningstar.com: A pesar de ser famosa por sus análisis de fondos de inversión, su apartado de análisis de balances de empresas es de lo mejor, por su profundidad y fiabilidad. Mejora a Yahoo en un punto, incluye acciones que no cotizan en Estados Unidos. Aquí la página estrella es "key ratios". También tiene un servicio pago.

Google.finance.com: Muy práctico el grafico central con los 3 gráficos intradía del Dow Jones, Nasdaq y S&P 500 en tiempo real. Vale la pena crear tus listas de acciones favoritas ya que tienes un gran servicio de noticias con multitud de fuentes (recordar que es una página de Google) y tienes los precios en tiempo real de todos los índices , acciones, materias primas, metales y divisas.

Investing.com Es uno de los mejores servicios de graficos, información y artículos de expertos. Se pueden consultar todo tipo de activos de diversos países, bonos, índices, acciones, divisas y armar el propio portafolios de gráficos e informes, con alertas, es muy completo.

98. ¿ Qué libros recomiendo leer?

Existe una variedad enorme de obras sobre inversiones y también diversas corrientes, como temas importantes también habrá.

Sin embargo hay que iniciar con algo y te daré algunos tópicos explicando los proque.

Para el tipo de análisis gráfico te recomiendo a los más reconocidos de esta corriente.

Análisis Técnico de los mercados financieros de John Murphy. Es un libro completo sobre el análisis técnico , Comienza con los fundamentos de la Teoría de Dow y desarrolla todas las técnicas, inclusive las más actuales y avanzadas, de análisis. A lo largo de sus páginas se incluyen más de 400 gráficos reales que clarifican:

Trading for a Living de Alexander Elder. Es un clásico y la fuente donde millones de traders han aprendido, imperdible para quien se inicia.

También me permito recomendar otra de mis obras, ya que se, del trabajo de investigación y elaboración de los temas que se proponen abordar. Se puede solicitar en Amazon.

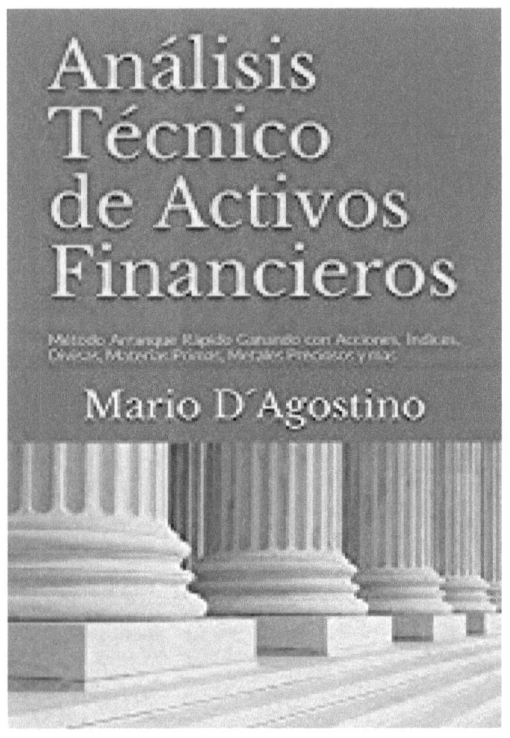

En cuanto al análisis de los ratios y la información de la empresa recomiendo:

Warren Buffett y la interpretación de estados financieros.

Otro libro de culto es el Inversor Inteligente de Benjamin Graham, donde con casos prácticos y un idioma sencillo aprenderás a seleccionar activos   ganadores.

99.   ¿Qué activos comenzar a operar?

Más que un activo en particular creo conveniente poner atención a los marcos o escenarios donde los activos cotizan. Cada uno de ellos tendrá su particularidad.

Específicamente conocer si son activos globales, o solo de un país, qué capitalización o volumen de inversiones tiene la posibilidad de generar, si son activos con un historial donde se puedan ver tendencias definidas. También es importante revisar si esos activos se mueven en un mercado qué tenga liquidez o tiende a estancar la oferta y demanda, ya qué ello imposibilita el qué se pueda monetizar ganancias, o salir rápido de pérdidas.

Las acciones qué cotizan en bolsa y requieren, para operar de una modalidad convencional, es decir de la posesión del derecho cartular, esto es lo qué se dice : comprar papeles bursátiles, es recomendable , si tu perfil es el de un inversor del tipo comprar y sostener por periodos prolongados, ya qué tanto el ingreso como el egreso tienen la desventaja del retraso en la ejecución a veces de hasta 48 hs donde el precio pudo haber cambiado y afectarnos así negativamente.

En cuanto a los activos ya detallados cómo CDF, qué reflejan el comportamiento del precio sin requerir la posesión de la acción, está operativa por lo general se lleva a cabo mediante plataformas online qué reducen el proceso de ejecución a segundos, tienen la particularidad qué son compras o ventas apalancadas con lo qué pueden llevar aparejadas riesgos mayores qué la operatoria convencional. Y este último caso es recomendable para quienes quieran actuar en modalidad traders intradía.

Otra particularidad de los CDFs es qué se puede operar activos como metales, materias primas, y hasta divisas y hasta criptomonedas sin recurrir por separado a cada mercado en particular, sino mediante una sola cuenta comitente en un broker calificado.

Siempre la recomendación será , para cualquier activo similar : conocerlo, informarse acerca del mismo, practicar en simuladores, y luego generar una mínima estrategia rentable y replicable en el tiempo.

100. ¿ Que Brokers o Casas de Bolsa elegir?

Elegir un intermediario, es uno de los primeros pasos que se deben dar para iniciarse en el mundo de la inversión. Actualmente, existe una vasta oferta de brókeres online que permiten operar con multitud de productos y en multitud de   mercados.

Antes de lanzarse en busca de la "plataforma perfecta", deberíamos preguntarnos cuál va a ser nuestra estrategia de inversión: ¿inversiones a corto o a largo plazo? ¿Haremos muchas o pocas operaciones? ¿Queremos operar únicamente en el mercado nacional o también en el extranjero?

Es importante que, antes de abrir una cuenta de valores, se compruebe cuán fiable es el bróker. Para ello podemos, por un lado, revisar las opiniones que el resto de usuarios han vertido en Internet sobre el intermediario. Existen muchos foros en los que será más que probable que algún otro usuario haya opinado sobre el bróker que queremos analizar. Por otra parte, es importante saber si la plataforma está regulada y supervisada por algún organismo nacional o internacional.

Otro aspecto en el que hay que fijarse es en los mercados a los que da acceso el bróker. Dependiendo de la plataforma, se podrá operar en un mercado o en otro. Si como inversores pretendemos invertir en el mercado americano, tendremos que contratar un bróker que nos permita abrir posiciones en la bolsa americana. Si la intención es operar únicamente en el mercado nacional, nos servirá un bróker que permita únicamente acceder a la bolsa del pais. No todos los brókeres permiten realizar las mismas operaciones ni trabajar con los mismos productos. Según el tipo de operaciones e instrumentos que pretendamos utilizar, tendremos que buscar un bróker que se ajuste a nuestras necesidades. Si planeamos operar con futuros u opciones, no tiene sentido abrir una cuenta de valores en un bróker que permita únicamente operar con acciones. Al igual que al escoger un bróker debemos fijarnos en los mercados a los que da acceso, este punto es igual de importante.

Invertir tiene un costo. Operar con un bróker implica tener que hacer frente a una serie de comisiones. Las más habituales pueden ser las de custodia, las de cobro de dividendos o las de compra-venta o spread. Algunas son fácilmente evitables, como la de cuenta custodia, otras, como las de compra-venta de valores, difícilmente podremos esquivarlas. Cuando analicemos las comisiones de un bróker tenemos que fijarnos en dos puntos: por un lado, que los gastos no sean desproporcionados (lógicamente, cuanto menos paguemos en concepto de comisiones, más rentabilidad se podrá obtener de las operaciones); y, por el otro, que las tarifas sean adecuadas para el tipo de inversión que queremos realizar.

Por ejemplo, si pretendemos comprar cierta cantidad de valores de una entidad, mantenerlas durante largo tiempo en la cuenta y cobrar los dividendos correspondientes, será interesante que la comisión de custodia y la de cobro de dividendos sea lo más baja posible. Por el contrario, si pretendemos realizar muchas operaciones, aunque también nos interesará que la comisión de custodia sea baja, deberíamos buscar un bróker con unas tarifas de spread u horquilla bajas.

Recomendaciones antes de empezar.

Mira hacia el otro lado del mostrador , hay gente con mucha más experiencia, mejores contactos, más información y que a diferencia de nosotros, no les importa nada … Estamos hablando de los mejores **Bancos, Brokers, Fondos de Inversión o, Market Makers** *del mundo.*

No tendría sentido , leer las noticias del día media hora antes de la apertura del mercado y pensar que hay alguna opción de quitarles de forma consistente y sustentable el dinero a estos verdaderos tiburones .

No, no es así cómo debes hacerlo.

Invertir con éxito en los mercados financieros es una empresa que se puede manejar claro que si.

Es por ello que, para ayudarte a evitar los errores cometidos por otros muchos inversores y por mi mismo, te presento una lista que incluye las reglas que podríamos llamar básicas y de sentido común para convertirte en un inversor, trader o negociante de mercados **rentable.**

Ya te darás cuenta que el romper una sola de estas reglas, conlleva a menudo a pérdidas o pobres resultados. Memoriza estas reglas o tenlas siempre a mano para una referencia rápida.

- *Siempre, siempre, colocar un stop loss inmediatamente al comprar. Los stops son un tipo de orden de venta que se ejecutará si el precio del activo llega a un determinado* precio, establecido por ti, y que fija la pérdida máxima que quieres asumir.

- *Nunca inviertas por encima de tus posibilidades y respeta siempre tus reglas para el control del riesgo.*

- *Recuerda que "la tendencia es tu amiga" y NUNCA compres o vendas si no estás seguro de la tendencia del mercado.*

- *Operar sólo cuando tengas suficiente confianza con tu estrategia de inversión.*

- *Opera en los Valores más activos y de más liquidez, evitando los lentos e inactivos.*

- *Nunca entrar en el mercado sólo porque estás cansado de esperar y nunca salgas de él sólo porque hayas perdido la paciencia.*

- *Si haces una operación, que sea basada en análisis técnico o ratios fundamentales una vez hecha, no te salgas sin una indicación clara de cambio en ese mismo análisis qué te llevó a ingresar.*

- *Reduce tu inversión tras una pérdida, nunca la incrementes intentando recuperar lo perdido.*

- *Evitar la tendencia natural a incrementar el riesgo de cada operación después de un largo periodo de operaciones exitosas.*

- *Usar la auto-disciplina como tu mejor guía cuando los mercados se muevan contra tu posición. Toma tus pérdidas a tiempo y espera a una nueva oportunidad. No pasa nada..!!*

- *Evitar tomar ganancias pequeñas y luego grandes pérdidas.*

- *Operar sólo con el capital que puedes arriesgar dentro de tus posibilidades económicas.*

- *Ignorar las pequeñas fluctuaciones y toma posiciones siempre con la tendencia **principal** del mercado.*

- *Permanecer siempre fiel a tu planteo de inversiones y sigue siempre el sistema de que funcione mejor acorde a tu perfil. **Recordar que la clave de cualquier plan es ver cómo se comporta a lo largo del tiempo.***

- *Siempre que cometas un error pregúntate por qué se ha producido. Aprende de tus errores.*

- *Un último consejo: **CREE SIEMPRE EN TI MISMO.***

www.ingramcontent.com/pod-product-compliance
Lightning Source LLC
Chambersburg PA
CBHW030613220526
45463CB00004B/1284